스크린 영어회화

스크린 영어회화 – 루카

Screen English - Luca

초판 발행 · 2021년 10월 11일

해설 · 라이언 박
발행인 · 이종원
발행처 · (주)도서출판 길벗
브랜드 · 길벗이지톡
출판사 등록일 · 1990년 12월 24일
주소 · 서울시 마포구 월드컵로 10길 56(서교동)
대표 전화 · 02)332-0931 | **팩스** · 02)323-0586
홈페이지 · www.gilbut.co.kr | **이메일** · eztok@gilbut.co.kr

기획 및 책임 편집 · 김지영 (jiy7409@gilbut.co.kr) | **디자인** · 조영라 | **제작** · 이준호, 손일순, 이진혁
마케팅 · 이수미, 장봉석, 최소영 | **영업관리** · 김명자, 심선숙 | **독자지원** · 송혜란, 윤정아

편집진행 및 교정 · 오수민 | **전산편집** · 조영라 | **오디오 녹음 및 편집** · 와이알 미디어
CTP 출력 · 금강인쇄 | **인쇄** · 금강인쇄 | **제본** · 금강인쇄

▶ 잘못 만든 책은 구입한 서점에서 바꿔 드립니다.
▶ 이 책은 저작권법에 따라 보호받는 저작물이므로 무단전재와 무단복제를 금합니다.
  이 책의 전부 또는 일부를 이용하려면 반드시 사전에 저작권자와 (주)도서출판 길벗의 서면 동의를 받아야 합니다.
▶ 책 내용에 대한 문의는 길벗 홈페이지(www.gilbut.co.kr) 고객센터에 올려 주세요.

ISBN 979-11-6521-650-4 03740 (길벗 도서번호 301111)

정가 18,000원

독자의 1초를 아껴주는 정성 길벗출판사

길벗 | IT실용서, IT/일반 수험서, IT전문서, 경제경영서, 취미실용서, 건강실용서, 자녀교육서
더퀘스트 | 인문교양서, 비즈니스서
길벗이지톡 | 어학단행본, 어학수험서
길벗스쿨 | 국어학습서, 수학학습서, 유아학습서, 어학학습서, 어린이교양서, 교과서

페이스북 · www.facebook.com/gilbuteztok
네이버 포스트 · http://post.naver.com/gilbuteztok
유튜브 · https://www.youtube.com/gilbuteztok

Disney · PIXAR
LUCA

독자의 1초를 아껴주는 정성!

세상이 아무리 바쁘게 돌아가더라도
책까지 아무렇게나 빨리 만들 수는 없습니다.
인스턴트 식품 같은 책보다는
오래 익힌 술이나 장맛이 밴 책을 만들고 싶습니다.

길벗이지톡은 독자여러분이
우리를 믿는다고 할 때 가장 행복합니다.
나를 아껴주는 어학도서,
길벗이지톡의 책을 만나보십시오.

독자의 1초를 아껴주는

정성을 만나보십시오.

미리 책을 읽고 따라해본 2만 베타테스터 여러분과
무따기 체험단, 길벗스쿨 엄마 2% 기획단,
시나공 평가단, 토익 배틀, 대학생 기자단까지!
믿을 수 있는 책을 함께 만들어주신 독자 여러분께 감사드립니다.

홈페이지의 '독자마당'에 오시면
책을 함께 만들 수 있습니다.

(주)도서출판 길벗 www.gilbut.co.kr
길벗 이지톡 www.gilbut.co.kr
길벗 스쿨 www.gilbutschool.co.kr

mp3 파일 다운로드 무작정 따라하기

이지톡 홈페이지 (www.gilbut.co.kr) 회원 (무료 가입) 이 되면 오디오 파일 및 관련 자료를 다양하게 이용할 수 있습니다.

1단계   로그인 후   도서명 ▼   검색   에 찾고자 하는 책이름을 입력하세요.

2단계   검색한 도서로 이동하여 〈자료실〉 탭을 클릭하세요.

3단계   mp3 및 다양한 서비스를 받으세요.

30장면으로 끝내는
스크린 영어회화

Disnep · PIXAR
LUCA

해설 **라이언 박**

길벗
이지:톡

재미와 효과를 동시에 잡는 최고의 영어 학습법!
30장면만 익히면 영어 왕초보도 영화 주인공처럼 말한다!

재미와 효과를 동시에 잡는 최고의 영어 학습법!

영화로 영어 공부를 하는 것은 이미 많은 영어 고수들에게 검증된 학습법이자, 많은 이들이 입을 모아 추천하는 학습법입니다. 영화가 보장하는 재미는 기본이고, 구어체의 생생한 영어 표현과 자연스러운 발음까지 익힐 수 있기 때문이죠. 잘만 활용한다면, 원어민 과외나 학원 없이도 살아있는 영어를 익힐 수 있는 최고의 학습법입니다. 영어 공부가 지루하게만 느껴진다면 비싼 학원을 끊어놓고 효과를 보지 못했다면, 재미와 실력을 동시에 잡을 수 있는 영화로 영어 공부에 도전해보세요!

영어 학습을 위한 최적의 영화 장르, 애니메이션!

영화로 영어를 공부하기로 했다면 영화 장르를 골라야 합니다. 어떤 영화로 영어 공부를 하는 것이 좋을까요? 슬랭과 욕설이 많이 나오는 영화는 영어 학습에는 별로 도움이 되지 않습니다. 실생활에서 자주 쓰지 않는 용어가 많이 나오는 의학 영화나 법정 영화, SF영화도 마찬가지죠. 영어 고수들이 추천하는 장르는 애니메이션입니다. 애니메이션에는 문장 구조가 복잡하지 않으면서 실용적인 영어 표현이 많이 나옵니다. 또한 성우들의 깨끗한 발음으로 더빙 되어있기 때문에 발음 훈련에도 도움이 되죠. 이 책은 디즈니 – 픽사의 〈루카〉 대본을 소스로, 현지에서 사용하는 생생한 표현을 배울 수 있습니다.

전체 대본을 공부할 필요 없다! 딱 30장면만 공략한다!

영화 대본도 구해놓고 영화도 준비해놨는데 막상 시작하려니 어떻게 공부를 해야 할 지 막막하다고요? 영화를 통해 영어 공부를 시도하는 사람은 많지만 좋은 결과를 봤다는 사람을 찾기는 쉽지 않습니다. 어떻게 해야 효과적으로 영어를 공부할 수 있을까요? 무조건 많은 영화를 보면 될까요? 아니면 무조건 대본만 달달달 외우면 될까요? 이 책은 시간 대비 최대 효과를 볼 수 있는 학습법을 제시합니다. 전체 영화에서 가장 실용적인 표현이 많이 나오는 30장면을 뽑았습니다. 실용적인 표현이 많이 나오는 대표 장면 30개만 공부해도, 훨씬 적은 노력으로 전체 대본을 학습하는 것만큼의 효과를 얻을 수 있죠. 또한 이 책의 3단계 훈련은 30장면 속 표현을 효과적으로 익히고 활용하는 데 도움을 줍니다. ❶ 핵심 표현 설명을 읽으며 표현에 대한 전반적인 이해를 하고 ❷ 패턴으로 표현을 확장하는 연습을 하고 ❸ 확인학습으로 익힌 표현들을 되짚으며 영화 속 표현을 확실히 익히는 것이죠. 유용한 표현이 가득한 30장면과 체계적인 3단계 훈련으로 영화 속 표현들을 내 것으로 만드세요!

이 책은 스크립트북과 워크북, 전 2권으로 구성되어 있습니다. 이 책은 스크립트북으로 전체 대본과 번역, 주요 단어와 표현 설명이 포함되어 있습니다. 각 Day마다 가장 실용적인 표현이 많이 나오는 장면이 표시되어 있습니다. 이 장면을 워크북에서 집중 훈련합니다.

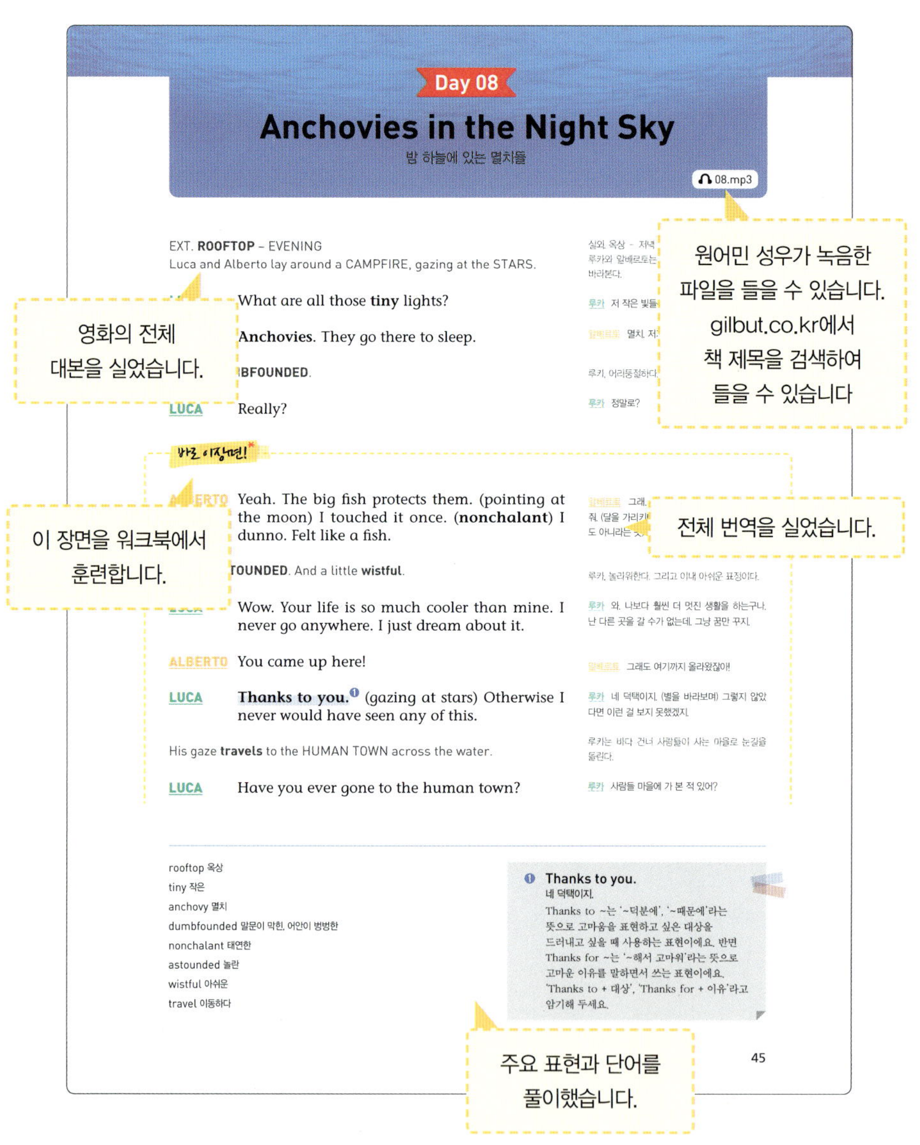

영화의 전체 대본을 실었습니다.

원어민 성우가 녹음한 파일을 들을 수 있습니다. gilbut.co.kr에서 책 제목을 검색하여 들을 수 있습니다

이 장면을 워크북에서 훈련합니다.

전체 번역을 실었습니다.

주요 표현과 단어를 풀이했습니다.

루카 Luca

이탈리아 리구리아해에 사는 바다 괴물로 바다 밖으로 나오면 사람의 모습으로 변하죠. 바다 괴물은 미지의 생물을 두려워하는 인간들에게 불리는 명칭일 뿐, 루카는 순수하고 호기심이 많은 소년입니다. 우연히 인간 세계 전문가 '알베르토'를 만나 스쿠터 여행을 꿈꾸며 함께 모험을 즐기게 됩니다.

알베르토 Alberto

바다 괴물이지만 바다보다 인간 세계에 익숙한 소년이에요. 처음 인간 세계를 접하는 루카에게 걷는 법도 알려주고, 즐거운 추억을 쌓습니다. 허세도 심하고 강인해 보이지만 가족이 없어 외로움을 느끼곤 합니다.

줄리아 Giulia

열정적이고 정의로운 성격으로 루카와 알베르토를 곤경에서 구해주며 친구가 됩니다. 3인방은 '언더독'이라는 팀을 결성하여 철인 3종 경기, 포르토로소 컵 출전을 목표로 열심히 훈련합니다.

에콜레 Ercole

루카와 알베르토가 그렇게도 그리던 멋진 베스파를 몰고 거들먹거리는 동네 건달이죠. 사사건건 루카와 알베르토를 괴롭히며 바다 괴물 잡기에 혈안이 되어 있죠.

다니엘라, 로렌초 Daniela, Lorenzo

루카의 부모님은 루카를 아끼는 마음에 걱정이 많습니다. 그래서 바깥 세계는 위험한 곳임을 상기시키죠. 루카가 육지로 가출을 하자 아들을 찾아 그들도 인간 세상으로 향합니다.

차례

Day 01 · **The Appearance of a Sea Monster** · · · · 10
바다 괴물의 출현

Day 02 · **Luca, the Curious Sea Monster Boy** · · · · 13
호기심 많은 바다 괴물 소년, 루카

Day 03 · **Luca Meets Alberto** · · · · 19
루카, 알베르토를 만나다

Day 04 · **The First Step** · · · · 26
첫걸음

Day 05 · **Vespa Is Freedom** · · · · 30
베스파는 자유다

Day 06 · **Take Me, Gravity!** · · · · 34
중력아, 날 받아줘!

Day 07 · **Silenzio, Bruno!** · · · · 41
조용해, 브루노!

Day 08 · **Anchovies in the Night Sky** · · · · 45
밤하늘에 있는 멸치들

Day 09 · **Mom's Sending Me to the Deep** · · · · 48
엄마는 날 깊은 곳으로 보내려 해

Day 10 · **Finding Signor Vespa in the Human Town** · · · · 54
인간 마을에서 베스파 씨를 찾아서

Day 11 · **Uncomfortable Encounter With Ercole** · · · · 59
에콜레와의 불편한 만남

Day 12 · **Giulia Rescues the Boys** · · · · 64
줄리아, 아이들을 구하다

Day 13 · **Team Underdogs** · · · · 70
언더독 팀

Day 14 · **Massimo Is a Sea Monster Slayer** · · · · 75
마시모는 바다 괴물 사냥꾼

Day 15 · **We Gotta Earn the Entry Fee** · · · · 80
우린 참가비를 벌어야 해

Day 16 **Where Are You, Luca?** ···· 88
어디에 있니, 루카?

Day 17 **Declaration of War Against Ercole** ···· 92
에콜레에게 선전 포고를 하다

Day 18 **Training for the Race** ···· 97
대회를 위한 훈련

Day 19 **I Know How You Feel, Giulia** ···· 104
네가 어떤 기분인지 알아, 줄리아

Day 20 **Stars Are Not Fish!** ···· 107
별들은 물고기가 아니야!

Day 21 **The First Conflict Between the Boys** ···· 111
아이들의 최초 갈등

Day 22 **My Parents Are Here!** ···· 117
우리 부모님이 여기 오셨어!

Day 23 **The Only Thing Luca Needs Is Me** ···· 121
루카에게 필요한 건 나라고

Day 24 **The Secret's Out!** ···· 124
비밀이 탄로 나다!

Day 25 **I'll Win the Race... For Us** ···· 133
경기에서 우승하겠어… 우리를 위해서

Day 26 **Going for the Portorosso Cup** ···· 137
포르토로소 컵을 향하여

Day 27 **I'm Coming for You, Luca** ···· 141
내가 구하러 갈게, 루카

Day 28 **So Long, Evil Empire of Injustice** ···· 146
잘 가라, 불공정한 악의 제국아

Day 29 **New Winners of the Portorosso Cup** ···· 152
포르토로소 컵의 새로운 우승자

Day 30 **Goodbye, My Friend** ···· 157
잘 가, 친구야

The Appearance of a Sea Monster

바다 괴물의 출현

🎧 01.mp3

EXT. LIGURIAN SEA – NIGHT – PROLOGUE
A small FISHING BOAT exits the harbor of PORTOROSSO, a Ligurian seaside town. **Onboard**, a **gramophone** plays a 1950s pop song. An Italian flag **flutters** in the **breeze**. The boat's **wake** cuts the deep **inky** blue of the ocean, as lights **glimmer** on the waves. On the boat, TWO FISHERMEN. One old, one young. The old one (TOMMASO) **steers** while the young one (GIACOMO) **frets**–

실외. 리구리아해 – 밤 – 프롤로그
작은 낚싯배가 포르토로소의 부둣가를 빠져나간다. 포르토로소는 리구리아해와 인접한 어촌 마을이다. 배 위에 있는 축음기에서 1950년대 팝 음악이 흘러나온다. 이탈리아 국기가 바람에 펄럭인다. 배가 깊고 푸른 바다를 가르며 지나고 불빛이 파도 위에서 깜빡인다. 배에는 어부 두 명이 있다. 한 명은 나이가 지긋하고, 다른 한 명은 젊어 보인다. 젊은 어부(자코모)가 초조해하는 동안 나이가 든 어부(토마조)가 배를 조종한다.

바로 이 장면!

GIACOMO Listen, Tommaso, do we really need to fish near the island?

자코모 저기, 토마조– 꼭 저 섬 근처에서 고기를 낚아야 하나요?

TOMMASO You worry too much.

토마조 자넨 걱정이 너무 많군.

Giacomo points **downward**— At a **fascinating** old illustrated MAP of the Ligurian Sea, **featuring all manner of** sea monsters. He points his finger near ISOLA DEL MARE, the island they're heading towards.

자코모가 아래를 가리킨다– 아주 멋진 리구리아해의 낡은 지도가 보이는데 바다 괴물이 출몰한 곳들이 표시되어 있다. 그가 손가락으로 그들이 향하고 있는 델 마레 섬 근처를 가리킨다.

GIACOMO I dunno. ...What if the old stories are true?

자코모 글쎄요. …옛날이야기들이 사실이면 어떡하죠?

TOMMASO Oh, c'mon, Giacomo. You really believe in sea monsters?

토마조 제발, 자코모. 자네 진짜로 바다 괴물을 믿는 건가?

GIACOMO Too many strange things have been seen in these waters...

자코모 이 바다에서 기괴한 것들이 너무 많이 목격되었다고요…

TOMMASO They're all just stories. **Tall tales** to keep us away from a great **fishing spot**.

토마조 그냥 지어낸 이야기라고. 고기가 잘 잡히는 어장에 못 들어가게 하려는 거짓말이야.

---

onboard 배 위에

gramophone 축음기

flutter 펄럭이다

breeze 산들바람

wake 배가 지나간 자리, 흔적

inky 칠흑 같은, 짙은

glimmer 깜박이다

steer 조종하다

fret 안절부절못하다

downward 아래쪽으로

fascinating 멋진

feature 특별히 포함하다, 등장시키다

all manner of 온갖 종류의, 다양한

tall tale 거짓말

fishing spot 어장

<table>
<tr><td>

GIACOMO But, Tommaso!

TOMMASO We're fine. **Non preoccupare ti**, Giacomo.

Tommaso **cuts the engine**, and changes the record on the gramophone. Puccini. *O mio babbino caro.*

TOMMASO That's more like it.

</td><td>

자코모 하지만, 토마조!

토마조 괜찮다니까. 걱정하지 마, 자코모.

토마조가 시동을 끄고 축음기에 있는 레코드판을 바꾼다. 푸치니의 '오 사랑하는 나의 아버지'가 들린다.

토마조 바로 이거지.

</td></tr>
</table>

As the aria fills the night air, they **pull in** their nets— While some **scaly shadowy** something approaches. (This is ALBERTO. We won't really meet him until later.) Its FIN knifes through the water as it closes in on the boat– Oh. It's not here to murder them. It's here to steal stuff. As the fishermen go about their business, **oblivious**, the thing swipes a WRENCH, a DRINKING GLASS, PLAYING CARDS– But as it reaches a skinny purple arm for the gramophone–

아리아가 밤하늘에 울려 퍼지고, 두 사람이 그물을 끌어 올리는데 – 비늘이 있는 어두운 형체의 무언가가 접근한다. (알베르토이다. 그는 나중에 등장한다.) 지느러미로 물살을 가르며 배를 향해 다가오는데 – 오, 다행히 이들을 죽이러 온 것이 아니다. 물건을 훔치러 온 것이다. 어부들이 눈치를 못 채고 일하는 사이 이 생명체는 렌치, 물컵, 트럼프 카드를 몰래 훔친다. 이제 축음기를 훔치려고 삐쩍 마른 보라색 팔을 뻗으려고 하는데 –

GIACOMO AAAH! What is that!?

Our **scampish** little sea monster has been spotted.

자코모 으액! 저게 뭐죠!?

이 영화의 주인공인 장난꾸러기 바다 괴물 소년이 발견된 것이다.

TOMMASO **Per mille sardine–**

The figure dives into the water–and right into the fishermen's net. It STRUGGLES, getting more tangled. A lantern smashes on the deck– the light goes out— the panicked fishermen try to **reel** him **in**.

토마조 세상에나 –

그 생명체가 바닷속으로 잠수하는데 어부들의 그물 안으로 들어가 버린다. 빠져나오려고 몸부림을 칠수록 몸이 더 엉켜 버린다. 랜턴이 갑판에 떨어져 부서지고 불이 나간다 – 겁에 질린 어부들은 그를 끌어당기려고 한다.

GIACOMO (straining efforts) **Tira, tira!**

The boat **lists** to one side as the **tug-of-war** intensifies— Desperate to escape, the sea monster reverses direction and **BREACHES** THE SURFACE. It **arcs** over the fishermen–**astonished**, they stumble backwards, knocking the gramophone into the water. The sea monster dives into the water on the opposite side– Giacomo, shaking, throws a **harpoon** after him, but misses. And the sea monster is gone.

자코모 (애를 쓰며) 당겨요, 당겨!

줄다리기가 더 거세지자 배가 한쪽으로 기울고— 필사적으로 탈출하려는 바다 괴물이 방향을 바꾸더니 물 위로 갑자기 튀어 오른다. 어부들 머리 위로 반원을 그리며 날아가듯 지나가는데 놀란 어부들이 뒤로 넘어지면서 축음기를 물속에 빠뜨린다. 바다 괴물은 반대쪽 물속으로 잠수한다 – 떨고 있던 자코모가 그를 향해 작살을 던지지만, 빗나간다. 이제 바다 괴물의 모습은 보이지 않는다.

Non preoccupare ti (이태리어) 걱정하지 마 (= Don't worry.)

cut the engine 시동을 끄다

pull in 당기다

scaly 비늘이 있는

shadowy 어두운, 어슴푸레한

oblivious 의식하지 못하는

scampish 불량스러운

Per mille sardine (이태리어) 천 마리의 정어리 (감탄어)
(For a thousand sardines! = Oh my goodness!)

reel in 끌어 올리다

Tira (이태리어) 당기다 (= Pull.)

list 기울다

tug-of-war 줄다리기

breach (구멍 등을) 뚫다

arc (활 모양)을 그리며 지나가다

astonished 놀란

harpoon 작살

TOMMASO (panting) You missed! Let's go, before it comes back for us–

토마조 (숨을 헐떡이며) 놓쳤잖아! 가자, 저놈이 돌아오기 전에 –

GIACOMO I told you they were real!

자코모 제가 진짜라고 했잖아요!

TOMMASO Oh, what a monster.❶ Horrifying...

토마조 오, 바다 괴물이라니. 끔찍하군…

The gramophone and other objects from the boat SINK into the **murky** depths of the ocean as **ominous** music BUILDS.
SMASH TO: LUCA, 12 an **adorable** and not **remotely** frightening SEA MONSTER BOY, **freaking out**:

배에서 떨어진 축음기와 여러 물건이 깊고 어두운 바닷속으로 가라앉는다. 불길한 음악이 고조된다. 장면 급전환: 루카는 12살의 바다 괴물 소년으로 사랑스럽고 전혀 무섭게 생기지 않았다. 무척 놀란 표정이다:

LUCA Aaaaaaaaahhhh!!!

루카 아아아아아아!!!

---

pant 숨을 헐떡이다

horrifying 끔찍한

murky 탁한

ominous 불길한

build 고조되다

adorable 귀여운

remotely 조금도, 아주 약간

freak out 깜짝 놀라다

❶ **Oh, what a monster.**
오, 바다 괴물이라니.
지금 어부는 바다 괴물을 보고 매우 놀라서 탄식하고 있어요. 이렇게 〈What + a/an + 명사〉는 놀람이나 탄식, 기쁨 등의 감정을 혼자 감탄하듯이 말할 때 쓰는 표현이에요.

Luca, the Curious Sea Monster Boy

호기심 많은 바다 괴물 소년, 루카

🎧 02.mp3

EXT. PAGURO HOME – MORNING
He is in front of some kind of UNDERSEA BARN. Its doors are open and no one is inside. He whirls to see his family's herd/**school** of **GOATFISH dispersed** all over the **pastoral** undersea landscape, snacking on **inappropriate** things.

LUCA   Fish out of the barn. FISH OUT OF THE BARN. No, no, no! Mom's gonna kill me— Caterina! –Wait!!

One of the goatfish **bleats**, like a goat, then zips away.

EXT. OUTSIDE THE BRANZINOS' HOME – **BRISK** CUTS OF LUCA CHASING DOWN GOATFISH
Luca tears past a SEA MONSTER FARMER, startling him in the middle of feeding his crabs—

MR. BRANZINO   Whoa!

LUCA   Oh. Good morning, Mr. Branzino! And also, I'm sorry. Well, how's Mrs. Branzino?

MR. BRANZINO   (unamused) Hi, Luca.

EXT. OUTSIDE THE GAMBERETTOS' HOME
Luca timidly approaches another **stolid** sea monster farmer—

LUCA   Excuse me, ma'am? **Have you, by any chance—**❶

MRS. GAMBERETTO   (severely) Yes.

She rotates. A goatfish is nibbling the back of her head.

실외. 파구로 가족의 집 – 아침
그가 바닷속 외양간 앞에 있다. 문이 다 열려 있고 안은 텅 비었다. 그가 주변을 살펴보는데 가족 소유의 노랑촉수 물고기 떼가 바닷속 푸른 초원 이곳저곳에 흩어져서 이상한 것들을 먹고 있다.

루카   물고기가 외양간에서 도망갔어. 물고기가 도망갔다고. 안 돼. 안 돼, 안 돼! 난 이제 엄마한테 죽었다— 카테리나! – 기다려!!

노랑촉수 물고기 한 마리가 마치 염소처럼 울더니 황급히 사라진다.

실외. 브란치노 가족의 집 밖 – 루카가 노랑촉수 물고기를 쫓아가는 화면이 빠르게 지나간다
루카가 급하게 지나가자 게들에게 먹이를 주던 바다 괴물 농부가 놀란다—

브란치노 아저씨   아이쿠!

루카   오. 좋은 아침이에요, 브란치노 아저씨! 그리고 또, 죄송해요. 어, 브란치노 아줌마는 잘 계시죠?

브란치노 아저씨   (무심하게) 안녕, 루카.

실외. 감베레토 가족의 집
루카가 무표정한 바다 괴물 농부에게 소심하게 다가간다—

루카   죄송하지만, 부인? 혹시, 못 보셨어요—

감베레토 부인   (엄한 목소리로) 봤어.

그녀가 몸을 돌린다. 노랑촉수 물고기 한 마리가 그녀의 뒤통수를 씹고 있다.

---

school 무리, 떼 (= herd)
goatfish 노랑촉수 물고기
dispersed 흩어진, 분산된
pastoral 목축의, 푸른
inappropriate 적절하지 않은
bleat (양, 염소가) 매애 하고 울다
brisk 빠른, 급한
stolid 무신경한

❶ **Have you, by any chance...**
혹시, 못 보셨어요…
상대방에게 공손하게 무언가를 물어볼 때 사용하는 표현이에요. 100% 확신하며 물어보는 게 아니라 '혹시라도', '행여나'라는 의미로 약간의 가능성을 가지고 물어볼 때 쓰는 말이죠.

EXT. HILLSIDE
Luca races up a hill after— one last goatfish (GIUSEPPE) **nosing his way** up the hill, in the direction of the surface.

LUCA   Giuseppe! Get back here!!

Luca grabs him; Giuseppe **squirms free**. Some **greased-pig shenanigans**. Finally Luca gets him under an arm, and **scolds** him as he heads back down—

LUCA   You wanna **run off** like your buddy Enrico? Because I've got news for you: he's either dead, or he's... (thinking about it) ...out there somewhere. (a little **dreamily**) Seeing the world.

LUCA   (**snapping out of it**) But he's probably dead!

They return to the now-**assembled** flock.

LUCA   Okay. That's everyone. (**knowingly**) Monalisa...? Why are you smiling?

MONALISA has kind of a **creepy** smile. She opens her mouth and a smaller fish **wrestles** its way **out** of there.

LUCA   Anyone else in there?

A few more fish **emerge** from Monalisa's mouth.

LUCA   Giuseppe, what did we JUST talk about.

Giuseppe, who has begun **straying** from the herd a little, **FREEZES**. Then he continues straying from the herd a little more.

LUCA   Ah, Giuseppe. (to the school) All right. Let's head out—

실외. 언덕 비탈길
루카가 언덕을 쫓아 올라가는데— 마지막으로 남은 노랑촉수 물고기(주제페)가 언덕 위로 달아나는데 수면을 향한다.

루카 주제페! 이리 돌아와!!

루카가 그것을 잡지만 주제페는 꿈틀거리며 빠져나간다. 요리조리 빠져나가서 잡기 힘든 모습이다. 마침내 루카가 겨드랑이 밑으로 그를 꼭 끼고 잔소리하며 아래로 내려간다—

루카 네 친구 엔리코처럼 도망가고 싶은 거야? 내가 말해 두는데, 걔는 죽었거나, 아니면… (생각하며) …그 어딘가에 있을 거야. (공상하는 듯) 세상을 구경하면서 말이지.

루카 (정신을 차리며) 근데 아마 죽었을 거야!

그들은 물고기 떼가 다들 모여 있는 곳으로 돌아온다.

루카 좋아. 다들 모였네. (다 알고 있다는 듯) 모나리자…? 넌 왜 히죽거리고 있지?

모나리자가 다소 섬뜩한 미소를 짓고 있다. 입을 벌리자 작은 물고기가 힘겹게 빠져나온다.

루카 안에 또 없니?

모나리자의 입에서 물고기 몇 마리가 더 빠져나온다.

루카 주제페. 바로 전까지 우리가 무슨 이야기를 했지.

물고기 떼로부터 슬금슬금 도망치려는 주제페가 갑자기 동작을 멈춘다. 그러다 다시 무리로부터 조금씩 벗어나기 시작한다.

루카 아. 주제페. (물고기들에게) 좋아. 이동하자—

---

nose one's way 전진하다

squirm free 꿈틀대며 빠져나가다

greased-pig 잡기 힘든

shenanigan 장난

scold 꾸짖다

run off 도망가다

dreamily 꿈을 꾸듯

snap out of it 정신을 차리다

assemble 모이다

knowingly 다 알고 있다는 듯

creepy 오싹한

wrestle out 힘겹게 빠져나오다

emerge 나타나다

stray 옆길로 새다

freeze 꼼짝하지 않다

TITLE: DISNEY PRESENTA

SEA MONSTER FARMERS **attend to** their labors, surrounded by the fields, farms, homes, and **silos** of a PEACEFUL **AGRARIAN** UNDERSEA COMMUNITY— Luca exchanges warm **polite** greetings with many of them.

LUCA   Hello!

MR. GAMBERETTO   Good morning!

LUCA   Hi, Mrs. Aragosta.

MRS. ARAGOSTA   Hey, Luca!

TITLE: UN FILM PIXAR ANIMATION STUDIOS

LUCA   Good morning!

MR. MERLUZZO   Morning!

EXT. UNDERWATER FIELD
Luca **corrals** the goatfish flock toward a **PASTURE**. Sea monsters: not quite how we imagine them.

TITLE: LUCA

LUCA   Ok. All clear.

The fish start grazing, and Luca **settles in for** another not super-**stimulating** day.

LUCA   (to the fish) **Let me know if you need anything.** ❶ Anyone? No? ...Okay.

Luca sits on a ROCK and blows bubbles from his mouth, bored. Giuseppe is sniffing at something.

타이틀: 디즈니 제공

바다 괴물 농부들이 일하고 있다. 그들 주변으로 밭과 농장, 집, 큰 저장 창고들이 보인다. 평화로운 바닷속 농촌 마을의 모습— 루카가 상냥하게 그들과 인사를 나눈다.

루카   안녕하세요!

감베레토 아저씨   좋은 아침!

루카   안녕하세요, 아라고스타 아줌마.

아라고스타 부인   안녕, 루카!

타이틀: 픽사 애니메이션 스튜디오

루카   좋은 아침이에요!

메룰루초 아저씨   안녕!

실외. 바닷속 들판
루카가 노랑촉수 물고기 떼를 초원으로 이동시키고 있다. 바다 괴물들은 우리가 상상하는 것과는 다른 모습이다.

타이틀: 루카

루카   좋아, 이제 가도 돼.

물고기들이 풀(해조류)을 뜯기 시작하고, 루카는 그리 흥미로운 것도 없는 일상을 시작한다.

루카   (물고기들에게) 필요한 거 있으면 알려 줘. 아무도 없어? 없다고? ...알겠어.

루카는 바위에 앉아 입으로 공기 방울을 부는데, 지루하다. 주세페가 어떤 물건의 냄새를 맡는다.

---

attend to ～를 하다, 처리하다
silo 사일로 (가축 사료 저장고)
agrarian 농촌의
polite 공손한
corral 이끌고 가다, 지휘하다
pasture 초원, 들판
settle in for ～을 보내다
stimulating 자극적인

❶ **Let me know if you need anything.**
필요한 거 있으면 알려 줘.
Let me know ~는 '~ 알려 줘', '~ 말해 줘'라는 뜻인데 Tell me ~보다 더 공손한 표현이에요. 이 문장은 회화에서 상대방을 배려하며 자주하는 말이니 문장 전체로 외워 두도록 하세요.

LUCA   Giuseppe?

An ALARM CLOCK. Luca, **intrigued**, picks it up. What is this? It **goes off**, terrifying him, then **mercifully** stops. There's more–he spots a PLAYING CARD floating nearby– He examines it, then looks up to **contemplate** the **alien** world that these things must have fallen from. And spots a BOAT OVERHEAD–

LUCA   LAND MONSTERS! EVERYBODY UNDER THE ROCK!

Luca **herds** the **scattered** goatfish into a small CAVE– this is a familiar **drill**. They remain as the boat passes, not seeing them– And as Luca watches it get **farther away**– HE BEGINS TO FOLLOW. As he approaches the surface, the fascinating world up there **comes into view**–he tries to poke his head through, but the water **BULGES** unnaturally with his head, keeping him in the water–he **strains to** see what there is to see–

DANIELA   (O.S.) LUCA! LUNCH IS READY!

Luca's mom's voice **shatters** his DAYDREAM, which was all it was– he's actually just a few feet off the **sea floor**.

바로 이장면!*

LUCA   (stressed) BE RIGHT THERE!!

Luca **scrambles to** hide his clock and cards, and collect the herd.

LUCA   Come on! We gotta get back–

EXT. PAGURO HOME – LUNCHTIME
Luca swims home. His mom, DANIELA–loving, warm, **overbearing**– is on him.

루카 주제페?

알람 시계이다. 루카는 흥미로운 듯 그것을 집어 든다. 이게 뭐지? 알람이 울리자 그가 깜짝 놀라는데 다행히 멈춘다. 물건들이 더 있는데–루카가 주변에 떠다니는 트럼프 카드 하나를 발견하고 유심히 관찰한다. 그리고 위를 바라보며 이 물건들이 떨어져 나온 바깥세상을 생각한다. 그러다가 머리 위로 배 한 척을 발견한다–

루카 육지 괴물들이야! 모두 바위 밑으로!

루카가 흩어져 있는 노랑촉수 물고기들을 작은 동굴 안으로 몰아넣는데–자주 훈련해서 익숙한 듯하다. 배가 그들을 발견하지 못하고 지나가는 동안 그들은 가만히 있다– 배가 멀어지는 것을 바라보던 루카가 그것을 따라가기 시작한다. 그가 수면으로 접근하자 위에 있는 환상의 세계가 시야에 들어온다. 루카는 고개를 내밀어 보려고 애를 쓰지만 물이 머리 위로 이상하게 불쑥 올라와 있어 물 밖으로 나갈 수 없다. 어떤 것이 있는지 보려고 안간힘을 쓰는데–

다니엘라 (목소리) 루카! 점심 다 됐어!

엄마의 목소리에 루카는 공상에서 깨어난다. 이전 장면은 모두 상상이다– 사실은 루카는 해저에서 아주 조금 떨어져 있을 뿐이다.

루카 (흥분한 목소리로) 곧 갈게요!!

루카는 허둥지둥 시계와 카드를 숨기고 물고기 떼를 모은다.

루카 어서! 돌아가야 해–

실외. 파구로 가족의 집 – 점심시간
루카가 헤엄쳐서 집으로 들어온다. 루카의 엄마 다니엘라가 (사랑스럽고, 마음이 따뜻하지만, 고압적인 성격이다) 그에게 잔소리한다.

---

intrigued 흥미를 느끼는

go off (시계 등이) 울리다

mercifully 다행히도

contemplate 고려하다, 생각하다

alien 외지의

herd (무리를) 이동시키다

scattered 흩어진

drill 훈련

farther away 멀어지는

come into view 시야에 들어오다

bulge 불룩 튀어 나오다

strain to 애를 쓰다

shatter 깨뜨리다

sea floor 해저, 바다 바닥

scramble to 재빨리 ~하다

overbearing 고압적인, 압도적인

DANIELA You're two minutes late. Was there a boat?! Huh?! Did you hide?!	**다니엘라** 너 2분 늦었어. 배가 있었니?! 어?! 숨었니?!
LUCA (**dutiful** but **weary**) Yes, Mom.	**루카** (순종적이지만 피곤한 말투로) 네, 엄마.
DANIELA Because if they **catch** even **a glimpse of** you… you think they come around to meet new friends? Huh?	**다니엘라** 혹시나 그들이 네 모습을 잠깐이라도 본다면 말이야… 그들이 새 친구나 사귀려고 여기에 온다고 생각하니? 어?
LUCA No.	**루카** 아뇨.
DANIELA Make **small talk**.	**다니엘라** 수다 떨려고 오겠어?
LUCA I… I don't.	**루카** 그… 그렇게 생각하지 않아요.
DANIELA No. They're here to do MURDERS.	**다니엘라** 천만에. 그들은 우리를 죽이러 오는 거야.
LUCA Uh-huh.	**루카** 네.
DANIELA So I'm just making sure you know.	**다니엘라** 그니까, 꼭 명심해.
LUCA Thanks, Mom.	**루카** 고마워요. 엄마.
DANIELA When I was a kid, we'd go weeks without seeing a boat. And let me tell you, they did not have motors. Just a **sweaty** land monster with a **paddle**.	**다니엘라** 내가 어렸을 때는 몇 주 동안 배 한 척도 볼 수 없었지. 그리고 그때는 말이야. 모터도 없었다고. 그냥 땀을 뻘뻘 흘리며 노를 젓는 육지 괴물들 뿐이었지.

They head into their **cozy** little undersea farmhouse, as Daniela **reminisces** about how things have changed– GRANDMA, **prickly**, **irascible**, sits at the table. Even if Luca wasn't her only grandchild, he'd be her favorite.

그들은 작지만 포근한 바닷속 농가 안으로 들어간다. 엄마는 옛날을 생각하며 세상이 어떻게 바뀌었는지 말해 준다– 성미 급한 할머니가 식탁에 앉아 있다. 루카 외에도 다른 손자들이 있지만 할머니는 루카를 제일 좋아한다.

LUCA (giving her a kiss) Hi, Grandma.	**루카** (뽀뽀하며) 안녕하세요. 할머니.
GRANDMA Hey, Bubble.	**할머니** 안녕. 방울아.

---

dutiful 순종적인, 예의 바른
weary 지친, 피곤한
catch a glimpse of ~를 언뜻 보다
small talk 잡담, 가벼운 대화
sweaty 땀에 젖은
paddle 노
cozy 포근한
reminisce 추억에 잠기다

prickly 가시로 뒤덮인
irascible 화를 잘 내는

Luca's dad, LORENZO, is a little too into his show crabs, our sea monster **equivalent of prize-winning** chickens. He is **attending to** one now named PINCHY-PESSA.

LUCA Hi, Dad.

LORENZO (whispering, **awestruck**) Luca. Look at Pinchy-pessa. She's **molting**. Oh, it's **magnificent**. Now here's a champion show crab if I ever saw one.

LUCA (trying to be interested) Oh. Nice.

LORENZO Whoa whoa whoa! Don't look her in the eye!

LUCA Sorry!

LORENZO But don't apologize! She can sense weakness!!

Sure enough, Pinchy-pessa PINCHES Luca's ear. Daniela uses her tail to scoop up the crab and orders Luca to the table.

DANIELA Come eat, Luca. C'mon. (to Lorenzo) **We better beat those Branzinos at the crab show this year.**❶ Everyone thinks Bianca Branzino's so great. With her prize-winning crabs and amaaaazing dolphin **impression**. Please! Anyone can do that. ECK ECK ECK ECK ECK ECK. Right?

LORENZO I don't know why dolphins even sound like that. You know, why don't they just talk?

Luca's thoughts are back on the pasture– Grandma notices.

루카의 아빠 로렌초는 대회에 출품할 게에 정신이 팔려 있는데 인간 세상에 비교하자면 최고의 닭 선발 대회와 비슷한 것이다. 아빠는 지금 '핀치-페사'라는 이름의 게를 돌보고 있다.

루카 안녕, 아빠.

로렌초 (속삭이며, 감탄하며) 루카. 핀차-페사 좀 봐. 허물을 벗고 있어. 정말 훌륭해. 챔피언을 꼽으라면 당연히 얘가 될 거야.

루카 (애써 관심을 가지려고 하며) 오, 멋지네요.

로렌초 아, 안 돼! 얘 눈을 똑바로 보지 마!

루카 미안!

로렌초 사과도 하지 마! 얘는 약점을 감지할 수 있다고!!

아니나 다를까. 핀치-페사가 루카의 귀를 집게로 꼬집는다. 다니엘라가 자기 꼬리로 게를 퍼내듯 떼어내고 루카에게 식탁에 앉으라고 한다.

다니엘라 밥 먹어, 루카. 어서. (로렌초에게) 올해 최고의 게 선발 대회에서는 브란치노네를 이겨야 해. 모두 비앙카 브란치노가 정말 대단하다고 생각하지. 상 탄 게들과 돌고래 성대모사까지 멋지게 한다고 말이야. 맙소사. 그건 누구나 한다고. 엑엑엑엑엑엑. 안 그래?

로렌초 돌고래들은 왜 그런 소리를 내는 건지 모르겠군. 뭐, 그냥 말할 수 없나?

루카는 다시 초원을 생각한다– 할머니가 그것을 눈치챈다.

---

equivalent of ~와 유사한

prize-winning 수상한 경험이 있는

attend to ~를 돌보다

awestruck 경이로워하는, 놀란 표정의

molt 탈피를 하다, 털을 갈다

magnificent 참으로 아름다운, 훌륭한

sure enough 아니나 다를까

impression 흉내, 성대모사

❶ **We better beat those Branzinos at the crab show this year.**
올해 최고의 게 선발 대회에서는 브란치노네를 이겨야 해.
We better ~는 We had better ~ 혹은 We'd better ~를 줄인 말이에요. '~하는 게 좋겠어', '~해야 해'라는 뜻으로 상대방에게 어떤 행동을 하자고 촉구하는 말이죠. We gotta ~ 혹은 We should ~ 역시 같은 의미로 회화에서 자주 쓰는 표현이에요.

Luca Meets Alberto

루카, 알베르토를 만나다

🎧 03.mp3

바로 이장면!*

GRANDMA Luca, what's on your mind?

LUCA I... Well, I was just wondering... where do boats come from?

Lorenzo **SPIT**-TAKES.

GRANDMA The land monster town. Just above the **surface**. I **beat** a guy at cards there once.

DANIELA Mom! What are you doing?!

GRANDMA (**shrugs**) He's **old enough** to hear about it.

LUCA (floored) You've been to the surface?! And... and done the change?!

DANIELA Nope! Nope! The end! **Shut it down!**❶

LUCA I was just curious—

DANIELA Yeah. Well, the **curious** fish gets caught! We do not talk, think, discuss, **contemplate**, or go ANYWHERE near the surface. Got it?

LUCA (**cowed**) Yes, Mom.

Daniela hands Luca the rest of his lunch.

DANIELA Here. Now let's get back to work.

할머니 루카, 무슨 생각하는 거니?

루카 저… 저기, 궁금해서 그러는데… 배들은 어디서 오는 거죠?

로렌초가 갑자기 음식을 뱉는다.

할머니 육지 괴물의 마을에서 온단다. 물 위에 있는 곳이지. 예전에 내가 거기서 어떤 남자하고 카드 게임해서 이겼잖니.

다니엘라 어머니! 뭐 하시는 거예요?!

할머니 (어깨를 으쓱하며) 얘도 이런 이야기를 들을 나이는 됐잖니.

루카 (놀라며) 물 위에 간 적 있으시다고요?! 그리고… 변신도 하셨어요?!

다니엘라 안 돼! 그만! 됐어! 입 다물어!

루카 그냥 궁금해서—

다니엘라 어. 호기심 많은 물고기는 잡혀간다고! 이제 물 위 이야기는 꺼내지도, 생각하지도, 상의하지도, 고려하지도 매! 그 근처 어디든 얼씬도 하지 말라고, 알겠니?

루카 (풀이 죽어서) 알았어요, 엄마.

다니엘라가 루카에게 남은 점심을 건넨다.

다니엘라 여기 있어. 이제 다시 일하러 가.

---

spit 음식을 뱉다

surface 수면

beat 이기다

shrug 어깨를 으쓱하다

be old enough 나이(적령기)가 되다

curious 호기심이 있는

contemplate 생각하다

cowed 주눅이 든

> ❶ **Shut it down!**
> 그만해! 입 다물어!
> 원래 '전원 내려.' 혹은 '꺼 버려'라는 뜻으로 기계나 시설 등의 전원을 내리라고 명령할 때 자주 쓰는 말이에요. 하지만 지금 상황처럼 상대방에게 말도 안 되는 행동이나 언행을 그만하라고 명령할 때 쓰기도 합니다.

She watches him get his **crook**, a little **wistfully**.

DANIELA Hey. Look me in the eye. You know I love you, right?

그녀는 루카가 약간 풀이 죽은 표정으로 지팡이를 집어 드는 것을 바라본다.

다니엘라 얘야. 내 눈을 똑바로 봐. 내가 널 사랑하는 거 알지, 그렇지?

LUCA (softening) I know, Mom.

루카 (누그러져서) 알아요, 엄마.

She watches him **head out** with the flock.

엄마는 물고기 떼를 몰고 나가는 루카를 바라본다.

DANIELA (to Lorenzo) We're a little worried about him, right?

다니엘라 (로렌초에게) 쟤가 좀 걱정되네, 그렇지?

LORENZO (completely **disengaged**) No thanks! I'm full!

로렌초 (전혀 관심 없이) 난 됐어! 배불러!

EXT. FIELDS
Luca is hunting more and more fascinating human objects. They carry him farther and farther out of the pasture. A shiny WRENCH– A DRINKING GLASS– And there, in the distance– The GRAMOPHONE from our prologue. Fascinated, **cautious**, he approaches it. Too **distracted** to notice the ominous FIGURE IN A **DIVING SUIT**, **STEALTHILY CLOSING IN** BEHIND HIM– Luca turns–

실외. 들판
루카는 인간의 물건을 점점 더 많이 찾으러 다닌다. 물건을 따라 초원에서 점점 더 멀어진다. 반짝거리는 렌치, 물컵, 그리고 저 멀리에 프롤로그에서 등장했던 축음기가 보인다. 마음이 혹한 루카, 조심스럽게 다가간다. 너무 정신이 팔려서 잠수복을 입은 불길한 형체가 그의 뒤에서 조용히 다가오는 것조차 알아차리지 못한다 – 루카, 뒤를 돌아보는데 –

LUCA AAAAAAH!!!

루카 아아아아!!!

The diver **hefts** his harpoon– Luca, scrambling to get away, **blunders** into a rock. He's cornered–

잠수부가 작살을 들어 올리자– 루카는 허둥지둥 도망치려다 바위에 부딪힌다. 그는 구석에 몰린다 –

ALBERTO Boo.

알베르토 놀랐지?

LUCA HUH?

루카 어?

The diver takes off its helmet to reveal that IT'S ANOTHER SEA MONSTER BOY (ALBERTO, 14). Alberto is a **rule-breaker**, **insouciant**, **carefree** and **careless**. Your parents might think he's a bad kid, but you know he doesn't mean anyone any harm.

잠수부가 헬멧을 벗자 바다 괴물 소년(알베르토, 14살)의 모습이 보인다. 알베르토는 규칙을 잘 어기고, 태평하며, 걱정도, 조심성도 없다. 어른들이 생각하기에 나쁜 아이의 전형이지만 사람들에게 전혀 해를 끼치지 않는다.

---

crook 갈고리 모양의 지팡이

wistful 애석한, 풀이 죽은

head out 나가다

disengage 벗어나다, 분리되다

cautious 조심스러운

distracted 산만해진

diving suit 잠수복

stealthily 살며시

close in 다가오다

heft 들어 올리다

blunder 부딪히다

reveal 드러내다

rule-breaker 규칙을 어기는 사람

insouciant 태평한

carefree 걱정이 없는

careless 조심성이 없는

ALBERTO It's fine! I'm not human.	**알베르토** 괜찮아! 난 인간이 아니야.
LUCA Oh! (relieved) ...**Thank goodness!**[1]	**루카** 오! (안도하며) ···식겁했네!

Before Luca can stop this from happening, Alberto hands him his harpoon.

루카가 뭔가 하기도 전에 알베르토가 자기 작살을 그에게 건넨다.

ALBERTO Here, hold this.

알베르토 자, 이거 잡고 있어.

Luca horrifies, very **gingerly takes hold of** it. Alberto takes off a diving suit and begins to collect all of the human items that have fallen here.

루카는 두려워하다가, 매우 조심스럽게 작살을 잡는다. 알베르토는 잠수복을 벗고 바닥에 떨어진 인간의 물건들을 줍기 시작한다.

LUCA Uhhh. Do you... live around here?

루카 어어. 이 근처에··· 사니?

ALBERTO Down here? No no no. I just came for my stuff.

알베르토 물 밑에? 아니. 그냥 내 물건을 주우러 왔어.

Alberto **picks up** Luca's CROOK, too.

알베르토가 루카의 지팡이도 집어 든다.

ALBERTO Ooooh!

알베르토 오오!

And **bolts** for the surface before Luca can stop him.

그러고는 루카가 막아서기도 전에 물 위로 재빨리 올라간다.

LUCA Uh, hey. Wait! That's mine!

루카 어, 저기, 기다려! 그건 내 거야!

Luca **HURRIES AFTER** HIM, only **managing to catch up** once Alberto is near the surface.

서둘러 쫓아가는 루카. 알베르토가 물 위에 거의 도착할 즘에 간신히 그를 따라잡는다.

LUCA Sir? You forgot your harpoon and...

루카 이봐요! 당신 작살은 가져가고···

ALBERTO Oh yeah. Thanks.

알베르토 오 그래. 고마워.

Alberto grabs the harpoon and just WALKS OUT OF THE WATER.

알베르토는 작살을 움켜쥐고 물 밖으로 나가버린다.

LUCA Wha?? What are you doing?!

루카 뭐지?? 뭐 하는 거야?!

---

gingerly 조심해서
take hold of 쥐다
pick up 들어 올리다
bolt 재빨리 이동하다
hurry after 쫓아가다
manage to 간신히 ~하다
catch up 따라잡다

> **❶ Thank goodness!**
> 식겁했네!
> 안도의 한숨을 내쉬며 하는 혼잣말로
> '다행이야, 식겁했네, 간 떨어지는 줄 알았네' 등
> 문맥에 따라서 적절한 해석이 가능하죠. Thank
> God!이나 Jesus! 역시 같은 의미로 자주 쓰는
> 말인데 종교적인 의미가 있는 것은 아니에요.

Luca, **in shock**, **stares** through the water-he can't totally **make out** what's happening— Then the CROOK **sticks** back through the surface. And hooks Luca and pulls him out of the water, too.

LUCA   GAAAAH!!!

EXT. BEACH – DAY
Alberto, now in human form, hauls Luca up onto the sand- Luca's hand quickly begins to **TRANSFORM**-then his arms, his body, his face-he has HAIR. Luca COMPLETELY **FREAKS OUT**. He thinks he might be dying.

LUCA   AAAAAAHHH! No no! OH NO!! AAAH!! HELP ME!!!

He is not dying. He is a small human boy rolling around **yelling** on the sand for **seemingly** no reason.

ALBERTO First time?

LUCA   Of course it is!! I'm a good kid!

Alberto realizes he needs to **walk** him **through** this a little.

ALBERTO Hey. Relax. Breathe.

Luca **takes** a couple **breaths**. Sure enough, he begins to relax. He looks around. He **takes in** the sights and sounds of the surface. The **shore**. The trees. The grass. The sky. Things he has spent his **entire** young life **wondering** about. Alberto watches, **amused**.

LUCA   Whoa.

ALBERTO Well? Isn't it great?

This **snaps** Luca **out of it**—

충격을 받은 루카. 물속에서 보느라 정확하게 어떤 일이 벌어지고 있는지 알 수 없다— 갈고리 지팡이가 물속으로 훅하고 들어와 루카의 몸을 걸고 물 밖으로 끄집어낸다.

루카 그아아아!!!

실외. 해안가 – 낮
인간의 모습을 한 알베르토가 루카를 모래사장으로 끌어 올린다— 루카의 손이 재빨리 변하기 시작한다. 그리고 팔과 몸. 얼굴도 변신하고 머리카락도 생긴다. 루카는 완전히 겁에 질린 모습이다. 죽을지 모른다고 생각한다.

루카 아아아! 아냐 아냐! 오 안 돼!! 도와줘!!!

루카는 죽지 않았다. 몸집이 왜소한 인간 소년이 되어 괜히 모래 위에서 이리저리 뒹굴며 소리 지르고 있다.

알베르토 처음이니?

루카 물론이지!! 난 착한 애라고!

알베르토는 처음부터 차근차근 알려 줘야겠다고 생각한다.

알베르토 이봐. 긴장 풀어. 숨 쉬라고.

루카가 몇 번 숨을 쉬자 확실히 긴장이 풀리는 것 같다. 주변을 살펴보며 물 위의 풍경과 소리를 온몸으로 느낀다. 해안가. 나무들. 푸른 들판. 그리고 하늘. 짧은 인생이지만 평생토록 그가 궁금해하던 것들이다. 알베르토는 이런 루카가 재미있다는 듯 바라본다.

루카 와.

알베르토 어때? 멋지지 않아?

이 말에 갑자기 루카가 정신을 차리고—

---

in shock 충격을 받은

stare 응시하다

make out 알아보다

stick (급하게) 집어넣다

transform 변신하다

freak out 놀라다

yell 소리를 지르다

seemingly 특히, 보아하니

walk through ～를 보여 주다

take breath 숨을 들이마시다

take in ～를 받아들이다

shore 해변, 바닷가

entire 전체의

wonder 궁금해하다

amused 재미있어하는

snap ~ out of it ～의 정신을 차리게 하다

LUCA   Uh. No! It's bad! **I'm not supposed to be up here!❶** Good day!

Luca **scrambles** into the water. Alberto holds Luca's crook out right as Luca comes back for it, **flustered**–

LUCA   (angry **polite**) Thank you. Good… good day… Again.

루카   어. 아니! 안 멋있어! 난 여기에 올라오면 안 된다고! 안녕!

루카는 재빨리 물속으로 들어간다. 알베르토가 루카의 지팡이를 앞으로 내밀자 루카가 다시 나타나 당황하며 받아 든다–

루카   (화가 나지만 정중하게) 고마워. 아… 안녕… 다시 한번.

---

scramble 재빨리 움직이다
flustered 당황한
polite 예의 바른

❶ **I'm not supposed to be up here!**
난 여기에 올라오면 안 된다고!
I'm not supposed to ~는 '난 ~하면 안 돼'라는 뜻으로 해서는 안 되는 일을 하면서 자책하거나 후회하는 표현이에요. 반대로 I'm supposed to ~는 '나 ~해야 해, 난 ~하기로 되어 있어'라는 뜻으로 자신이 어떤 일을 실행해야 한다고 말할 때 쓰는 표현이죠.

PORTOROSSO
MAR LIGURE
CORNIGLIA
ISOLA

Disney · PIXAR
LUCA

The First Step
첫걸음

🎧 04.mp3

INT. PAGURO HOME – LUCA'S BEDROOM – NIGHT
Luca can't sleep. He **glances** across the room at Grandma. She **gazes** back at him. He needs to ask SOMEONE about what he saw.

LUCA Grandma? ...Did you really go up to the–

GRANDMA SNORE.

Ah. Grandma was **asleep** with her eyes open. She does that.

EXT. FIELDS – NEXT MORNING
Luca **assembles** a **crude rock sculpture** that is supposed to look like him.

LUCA (to the fish) Okay everyone. This is, uh… Smuca. Yeah. He's **in charge** now. Got it?

EXT. NEAR THE SURFACE
And, his **responsibility discharged** for the moment, Luca returns to the surface, fascinated but **apprehensive**– He stops a few feet away. Fear **overtakes** him. He backs away, shaking his head. He approaches again, gets pretty close to the surface, and once more **backs away** at the last minute– And again–

ALBERTO Wow.

LUCA Argh!

Luca **whirls**. Alberto has been watching this whole **embarrassing** thing.

ALBERTO That was hard to watch.

실내. 파구로 가족의 집 – 루카의 방 – 밤
루카는 잠을 잘 수 없다. 건너편에 있는 할머니를 바라보는데 할머니도 그를 쳐다본다. 그는 자신이 목격한 것에 대해 누군가에게 물어보고 싶어 한다.

루카 할머니? …진짜로 올라가 보셨–

할머니 코 고는 소리.

아. 할머니는 눈을 뜨고 주무시고 있었다. 늘 그렇게 주무신다.

실외. 들판 – 다음 날 아침
루카가 돌덩이를 이용해 대충 자신과 닮은 석상을 만들고 있다.

루카 (물고기들에게) 자 다들 주목. 얘는, 어… 스무카야. 그래. 이제 얘가 대장이야. 알겠지?

실외. 물 위 근처
자신의 책임을 잠시 미뤄두고 루카는 물 위로 향한다. 기뻐하는 마음도 잠시, 불안한 마음에 수면에서 살짝 떨어져 멈춰 선다. 심한 두려움을 느끼는 루카. 고개를 저으며 뒤로 물러선다. 그러다 다시 다가가는데 물 위에 매우 가까워지지만 또다시 마지막 순간에 뒤로 물러난다. 그리고 다시–

알베르토 참 내.

루카 아악!

루카가 돌아본다. 알베르토가 이 창피한 장면을 계속 지켜보고 있었다.

알베르토 눈 뜨고 못 봐주겠네.

---

glance 바라보다

gaze 쳐다보다

snore 코를 골다

asleep 잠을 자는

assemble 조립하다, 쌓다

crude rock 원석, 바위

sculpture 석상

in charge 책임지다, 담당하다

responsibility 책임

discharge 방출하다, 퇴임시키다

apprehensive 불안한

overtake 앞지르다

back away 물러서다

whirl 빙글 돌다

embarrassing 당황스러운

He is holding another **armful** of stuff. He hands some to Luca.

ALBERTO   Here. C'mon.

Alberto exits. Luca holds his breath, and hurries after him.

EXT. BEACH
In time to see Alberto finish transforming, **flipping** the water out of his hair. Luca STUMBLES after him, dropping everything he was holding. For the second time in his life, Luca TRANSFORMS. This time he really **takes** it all **in**. So this is The Change.

그는 양팔 가득 물건을 들고 있다. 물건 몇 개를 루카에게 건넨다.

알베르토   자 여기. 가자.

알베르토가 빠져나간다. 루카가 숨을 참고 그의 뒤를 황급히 따라간다.

실외. 해안가
알베르토가 변신을 막 끝내고 머리에 있는 물을 털고 있다. 루카가 황급히 그를 따라가는데 손에 들고 있던 것들을 모두 떨어뜨린다. 루카 생애의 두 번째 변신인데 이번에는 완전히 모든 것을 받아들인 것이다. 이것이 진정한 변신이다.

바로 이장면!*

LUCA   WHOA.

He **absently** reaches for his tail.

LUCA   Wait. It feels like it's still there.

ALBERTO   Yeah, that's called "**phantom** tail." **You'll get used to it.** ❶

Luca tries to stand and immediately falls over.

ALBERTO   Right. Walking. Don't worry! You're in luck. I basically invented it.

ALBERTO   (CONT'D) To start, stack everything one on top of the other. Like a pile of rocks.

Luca manages to stand in a **WOBBLY** way.

ALBERTO   Great! I mean, fine, whatever. Now, walking is just like swimming. But without fins. Or a tail. And also, there's no water. Otherwise it's the exact same thing. Give it a try!

루카   와.

그가 무심코 자기 꼬리를 만지려고 한다.

루카   잠깐. 아직도 그게 있는 것 같아.

알베르토   그래. "상상 꼬리"라고 하는 거야. 좀 있으면 익숙해져.

루카가 일어서려고 하는데 이내 쓰러진다.

알베르토   아. 걷기. 걱정 매 넌 운이 좋은 거야. 내가 걷기의 창시자거든.

알베르토   (계속) 우선. 모든 힘을 한 층씩 쌓아 올리는 거야. 돌탑을 쌓는 것처럼.

루카가 휘청거리지만 간신히 일어서는데 성공한다.

알베르토   좋아! 그니까. 괜찮아. 어쨌든. 자. 걷기는 헤엄치기와 같은 거야. 지느러미만 없을 뿐이지. 꼬리도 말이야. 그리고 물도 없군. 그거 빼고는 완전 똑같지. 한번 해 봐!

---

armful 팔에 가득한

in time 제시간에, 때에 맞춰

flip 튀기다

take in 받아들이다, 이해하다

absently 무심코

phantom 상상의, 유령 같은

get used to ~에 익숙해지다

wobbly 기우뚱한, 비틀거리는

❶ **You'll get used to it.**
좀 있으면 익숙해져.
get used to ~ 혹은 be used to ~는 '~에 익숙해지다'라는 뜻이에요. 이와 형태가 매우 비슷한 used to는 '(과거에) ~하곤 했다'라는 뜻이에요. 의미가 확연히 다르므로 두 표현은 꼭 구별해서 암기해 두세요.

Luca tries to follow this advice and completely **eats it**.

ALBERTO **That's not it.** ❶ Try it again. (Luca fails again) Oh, try to **lead** with your head. (Luca looks **insane**) Nope. More belly. (Luca falls down) That's, that's lying on the ground. How about this? Just **take a step** without even thinking about it.

루카는 이 조언을 따르려고 하지만 완전히 바닥에 쓰러진다.

알베르토 그게 아니야. 다시 해 봐. (루카는 다시 쓰러진다) 오, 머리로 방향을 잡아 봐. (루카는 정신이 나간 것처럼 보인다) 아니야. 배를 더 내밀어. (루카는 다시 넘어진다) 그, 그건 눕는 거잖아. 이건 어때? 그냥 아무 생각 없이 발을 떼는 거야.

Luca **hesitates**. He's clearly thinking about it.

루카, 잠시 망설인다. 누가 봐도 생각하는 표정이다.

ALBERTO No no no no. DON'T think about it!

알베르토 아니 아니 아니 아니야. 생각하지 말라고!

LUCA I don't know how to NOT think about something!

루카 생각을 어떻게 안 하는지 모르겠다고!

This is **going nowhere**. But Alberto gets an idea–

아무래도 안 될 것 같다. 알베르토에게 좋은 생각이 떠오른다 –

ALBERTO (groans) Okay, okay. Watch. (stands beside Luca) Point your feet to where you want to go. Okay? And then you just catch yourself before you fall.

알베르토 (끙응대며) 알아. 알겠어. 잘 봐. (루카 옆에 서서) 발끝을 네가 가려는 방향에 맞추고, 알겠어? 그리고 쓰러지기 전에 몸을 바로 세우는 거지.

Luca follows his example. He points his feet and gets up.

루카는 그가 보여준 대로 따라 한다. 발끝으로 방향을 잡고 몸을 세운다.

ALBERTO Yeah, that's right...

알베르토 그래, 그렇지…

Alberto gives him a **NUDGE**– and Luca starts WALKING!

알베르토가 그의 몸을 밀자 – 루카가 걷기 시작한다!

ALBERTO Good... good... yes. YES!

알베르토 좋아… 좋아… 그렇지. 그래!

LUCA I'm getting it!

루카 된다!

Luca's first success **on land**. It feels pretty good.

루카가 육지에서 처음으로 맛본 성공이다. 날아갈 것 같은 기분이다.

ALBERTO Not bad, kid. (introducing himself) Alberto Scorfano.

알베르토 나쁘지 않군, 친구. (자기 소개하며) 난 알베르토 스코르파노야.

---

eat it 땅에 얼굴을 박고 쓰러지다
lead 향하다, 이끌다
insane 제정신이 아닌
take a step 한 발을 떼다
hesitate 망설이다
going nowhere 발전이 없는
nudge 쿡 찌르기
on land 육지에서

❶ **That's not it.**
그게 아니야.
That's it.은 '바로 그거야'라는 뜻으로 상대방의 말이나 행동에 동의하거나 칭찬할 때 쓰는 말이에요. 반대로 That's not it.은 상대방이 내 생각과 다르게 행동하거나 내가 상대방의 의견에 동의하지 않을 때 쓰는 표현이에요. '그게 아니지'라고 해석해 주세요.

LUCA   Luca Paguro.

Alberto leads Luca through a **confusing** HANDSHAKE.

ALBERTO   **Piacere, Girolamo Trombetta.** (Luca **flounders**) It's a human thing. I'm kind of an **expert**.

LUCA   What does it mean?

Alberto does not **reply right away**.

LUCA   The, uh… thing you just said?

ALBERTO   Come on, I'll show you some more stuff.

루카   루카 파구로야.

알베르토가 루카와 복잡한 '악수'를 한다.

알베르토   반가워. 지롤라모 트롬베타. (루카가 당황한다) 인간들이 하는 거야. 내가 잘 알지.

루카   무슨 뜻이야?

알베르토는 바로 대답하지 않는다.

루카   그, 어… 네가 한 말 말이야.

알베르토   자, 더 보여 줄 게 있어.

---

confusing 혼란스러운

Piacere (이태리어) 만나서 반가워, 좋아하다 (= Nice to meet you.)

Girolamo Trombetta (이태리어) Girolamo는 giro la mano(손을 비틀다/돌리다), Trombetta은 악기 '트럼펫' (영화에서 알베르토가 인사할 때 쓰는 표현으로, 악수할 때 손을 돌리고, (트럼펫 연주하듯) 밀고 당기는 행동을 함, 알베르토도 이 표현의 뜻을 정확히 모르지만, 친한 친구끼리 하는 일종의 우정 암호(인사말)로 볼 수 있음, 실제로 영화 감독(엔리코 카사로사)이 어린 시절 아이들끼리 자주했던 장난스런 인사라고 함)

flounder 당황하다, 허둥대다

expert 전문가

reply 대답하다

right away 즉시

Vespa Is Freedom

베스파는 자유다

🎧 05.mp3

EXT. ISLAND – HILL – DAY
Alberto leads Luca through the trees, up the hill– To the **base** of an **ABANDONED SARACEN** TOWER. A **rickety** ladder leans against the side.

실외. 섬 – 언덕 – 낮
알베르토는 루카를 데리고 나무 사이를 지나 언덕을 올라– 사라센 스타일의 버려진 탑 아래에 도착한다. 금방이라도 부서질 것 같은 사다리가 옆에 걸쳐 있다.

LUCA Mother of pearl! You live up here?

루카 세상에나! 너 여기 사니?

ALBERTO Yeah. Me and my dad. He's not even here **a whole lot**, so **I pretty much just do whatever I want.**❶

알베르토 그래. 나랑 아빠랑. 아빠는 거의 안 계셔서 내가 원하는 대로 하고 지내지.

LUCA Isn't it dangerous?

루카 위험하지 않아?

ALBERTO Yeah! It's the best. EVERYTHING good is above the surface.

알베르토 물론이지! 그게 제일 좋은 거야. 좋은 것들은 다 물 위에 있어.

LUCA Like... what else?

루카 이를테면… 또 어떤 거?

MONTAGE OF GREAT ABOVE THE SURFACE THINGS: 1. AIR.

지상의 멋진 것들을 보여 주는 몽타주 화면: 1. 공기

ALBERTO Air!

알베르토 공기!

Alberto does a BIG **INHALE**. So does Luca. He **accidentally** inhales a bug.

알베르토가 크게 숨을 들이쉰다. 루카도 따라 하는데 우연히 벌레를 들이마신다.

2. GRAVITY. Alberto, on the top of the tower, yells down to Luca, on the ground:

2. 중력. 탑 꼭대기에 있는 알베르토가 땅에 있는 루카에게 큰 소리로 말한다.

ALBERTO **Gravity**! Also known as FALLIIIING!

알베르토 중력! '추락'이라고도 해!

Luca watches Alberto jump down into a tree, fall through some branches, and then land on the ground.

루카는 알베르토가 나무 위로 뛰어내리는 것을 바라본다. 알베르토는 나뭇가지 사이를 지나 결국 땅에 떨어진다.

---

base 밑, 아래
abandoned 버려진
Saracen 사라센 양식의 (중세 유럽인이 이슬람교도를 일컫는 말)
rickety 곧 무너질 듯한
a whole lot 아주 많이
inhale 숨을 들이마시기
accidentally 실수로, 우연히
gravity 중력

❶ **I pretty much just do whatever I want.**
내가 원하는 대로 하고 지내지.
〈의문사 + ever〉는 '~이든'이라는 뜻이에요.
whatever (무엇이든), wherever (어디든), whenever (언제든), whoever (누구든) 등으로 조합해서 쓸 수 있죠. whatever I want는 '내가 하고 싶은 것은 무엇이든'이란 뜻이에요.

3. THE SKY.

ALBERTO (pointing) The sky, clouds, the sun– (covering Luca's eyes) Whoa, don't look at it! (uncovering Luca's eyes) Just kidding. **Definitely** look at it.

Luca **squints** at the sun and is immediately blinded.

4. HUMAN STUFF.

ALBERTO And then… there's human stuff.

Alberto leads Luca into his **hideout**—

INT. ALBERTO'S HIDEOUT
Luca **takes in** the incredible, wildly **disorderly spectacle** of Alberto's room. It contains AN **UNGODLY AMOUNT** OF HUMAN STUFF. **Rusty**, broken, **salvaged** from **shipwrecks**.

LUCA WHOA.

ALBERTO As you can see, I've been collecting for a long time. So ask me anything.

Luca spots the gramophone and gazes into it.

LUCA Whoa. (echoes)

ALBERTO Ah yes, the Magic Singing Lady Machine. It's broken, unfortunately…

As Alberto is saying this, Luca discovers the **CRANK, fiddles with it**, and– MUSIC comes out. The Puccini aria. *O mio babbino caro.* Alberto is **momentarily at a loss for words**. This kid did something cool.

ALBERTO Whoa! You… you unbroke it!

---

3. 하늘

알베르토 (손으로 가리키며) 하늘, 구름, 그리고 태양– (루카의 눈을 가리면서) 똑바로 쳐다보면 안 돼! (루카의 눈에서 손을 떼며) 농담이야. 얼마든지 봐도 돼.

루카가 눈을 찡그리며 태양을 바라보자 바로 실명이 된 것 같다.

4. 인간의 물건

알베르토 그리고… 인간의 물건이 있지.

알베르토가 루카를 자신의 아지트로 데리고 간다—

실내. 알베르토의 아지트
루카는 아주 멋지지만, 전혀 정리되어 있지 않은 알베르토의 방을 보고 감탄한다. 인간의 물건이 방 안에 가득하다. 녹슬고, 깨지고, 난파선에서 주워 온 물건들이다.

루카 와.

알베르토 보다시피, 오랫동안 모은 거야. 그니까 뭐든 물어봐.

루카가 축음기를 발견하고 뚫어지게 바라본다.

루카 와. (소리가 울린다)

알베르토 아 그래. 마법의 노래하는 여자 기계야. 망가졌어. 안타깝게도…

알베르토가 이 말을 하는 사이, 루카가 크랭크 핸들을 발견하고 만지작거리자 음악이 나온다. 푸치니의 아리아 '오 사랑하는 나의 아버지'이다. 알베르토는 잠깐 말을 잇지 못하고 당황한다. 이 아이 정말 대박이네.

알베르토 왜! 네… 네가 고쳤어!

---

definitely 확실히	salvaged 주워 온, 구조한
squint 눈을 찌푸리다	shipwreck 난파선
hideout 은신처, 아지트	crank 축음기를 돌리는 핸들
take in 받아들이다, 보다	fiddle with 만지작거리다
disorderly 정리가 되지 않은	momentarily 잠시 동안
spectacle 장관	at a loss for words 말을 잊지 못하고 당황한
ungodly amount 아주 많은 양	
rusty 녹이 슨	

Luca's **attention settles on** a VESPA POSTER–

LUCA   What's that?

바로 이장면!*

ALBERTO (recovering **bravado**) Ah, it's just the greatest thing that humans ever made. The Vespa. You just sit on it, and it takes you anywhere you want to go. In the whole stinkin' world.

Luca, **rapt**, reads the Italian on the poster:

LUCA   "Vespa is freedom."

DISSOLVE TO HIS IMAGINATION: Luca flies over the sea, **gloriously**, on a fantastic magical VESPA.

LUCA   (laughing) Whoo!! Yeah!!

ALBERTO (O.S.) Pretty cool, right?

Alberto's voice brings Luca back to REALITY.

LUCA   Uh… Yeah.

And **gazing around** the hideout–

LUCA   Huh. Are you gonna make one? I think you have all the **parts**…

Alberto follows his gaze around the room and realizes—that thing is a **wheel**, that thing is another wheel, that **rocking chair** could be a seat…

ALBERTO I do have the parts. I AM gonna make one!! You wanna help?

루카의 시선이 베스파 포스터에 머무른다–

루카 저건 뭐야?

알베르토 (다시 허세 부리며) 아, 이건 인간이 만든 것 중에 제일 위대한 거지. 베스파라고 해. 저 위에 그냥 앉기만 하면 네가 가고 싶은 곳은 어디든 데려다줄 거야. 전 세계 어디든 말이지.

루카, 완전히 몰입해서 포스터에 있는 이태리어 글귀를 읽는다.

루카 "베스파는 자유다."

그의 상상으로 서서히 장면 전환: 루카가 멋진 마법의 베스파를 타고 근사하게 바다 위를 날아간다.

루카 (웃으며) 우와!! 만세!!!

알베르토 (목소리) 정말 멋지지, 그렇지?

알베르토의 목소리를 듣고 루카가 다시 현실로 돌아온다.

루카 어… 그래.

루카가 아지트를 천천히 둘러보며–

루카 허. 저걸 만들려고? 부품은 다 있는 것 같은데…

알베르토가 루카의 시선을 따라 방을 둘러보는데 – 저건 바퀴, 저건 다른 쪽 바퀴, 저 흔들의자는 안장으로 쓸 수 있다는 것을 깨달으며…

알베르토 정말로 부품이 다 있네. 만들어 보겠어!! 도와줄래?

---

attention 관심

settle on ~에 정착하다, 머무르다

bravado 허세

rapt 몰입한

gloriously 멋지게, 근사하게

gaze around 둘러보다

part 부품

wheel 바퀴

rocking chair 흔들의자

LUCA (delighted) Me?! Yeah! (remembering) Wait. No. I can't. **I gotta go home!**❶

ALBERTO **Right this second?**❷

LUCA Yeah. If my parents found out I was up here… Oof. (**cringing**) It would be bad. So thank you, but. (staring **longingly** at the Vespa poster) Goodbye. Forever.

One hour later: Luca has not left. **Instead** he has begun making the Vespa with Alberto.

LUCA Okay but now I really do have to go.

ALBERTO Okay. Bye.

Forty-five minutes later: Now it has wheels.

LUCA Seriously, I have to go, like now. Like right now.

ALBERTO Okay! See ya!

Two hours later: Their **improvised** Vespa, made from 100% NON-VESPA parts, **is done**. They admire it, **dreamily**.

LUCA (gasps in awe) It's even better than the picture.

ALBERTO Yeah, it is.

LUCA Gotta run!

ALBERTO See you tomorrow!

루카 (기뻐하며) 내가?! 그래! (뭔가 기억난 듯) 잠깐. 아냐. 할 수 없어. 집에 가야 해!

알베르토 지금 당장?

루카 그래. 부모님이 내가 여기에 있는 걸 알면… 으. (위축되어) 큰일 나. 고맙지만. (베스파 포스터를 애타게 바라보며) 잘 있어. 영원히.

한 시간 후: 루카는 떠나지 않고 알베르토와 베스파를 만들기 시작했다.

루카 자 근데. 이제 진짜 가야 해.

알베르토 알았어. 안녕.

45분 후: 베스파에 바퀴가 생겼다.

루카 정말로. 나 가야 해. 지금. 당장.

알베르토 알았어! 잘 개!

두 시간 후: 100% 베스파 부품이 아닌 것들로 즉석에서 제작한 베스파가 드디어 완성되었다. 그들은 꿈을 꾸듯 감탄하며 바라보고 있다.

루카 (감탄의 숨을 내쉬며) 그림보다 훨씬 더 좋아.

알베르토 어, 그렇네.

루카 빨리 가야겠어.

알베르토 내일 봐!

---

delighted 기쁜

cringe 움츠리다, 민망하다

longingly 열망(갈망)하여

instead 대신에

improvise 즉흥적으로 하다

be done 끝나다, 완성되다

dreamily 꿈을 꾸듯

❶ **I gotta go home!** 집에 가야 해!
I've got to(gotta)를 줄인 말로 '나 ~해야 해'라는 뜻입니다. 비슷한 표현으로 I have to ~, I should ~가 있어요.

❷ **Right this second?** 지금 당장?
'지금 당장'이란 의미로 자주 사용하는 표현이에요. second는 시간의 단위 '초' 외에도 '순간, 잠깐'이라는 뜻이 있어요.

Take Me, Gravity!

중력아, 날 받아줘!

🎧 06.mp3

EXT. PAGURO HOME – **DUSK**
Luca **races** home– But his **suspicious** mom is waiting for him.

DANIELA   Luca?! **Where have you been?!**❶

LUCA   (**rushed**) Uhh...

LUCA'S THOUGHTS   Don't say surface. Don't say surface.

LUCA   Surface. (gasps)

He claps his hand over his mouth—

DANIELA   (angrily) WHAT did you just say?!

LORENZO   (**pointing**) WHAT'S WRONG WITH YOUR FOOT?!!

Luca looks down– ONE OF HIS FEET IS STILL A HUMAN FOOT SOMEHOW.

LUCA   AAAAAHHH!!!

SMASH BACK TO: The last ten seconds was just his **IMAGINATION**. Thank God. But his mom is still waiting for an answer–

DANIELA   Luca? Gonna tell us where you were?

LUCA   I... Uhh...

Grandma helps in trouble.

실외. 파구로 가족의 집 – 해 질 녘
루카가 집으로 황급히 들어간다. 엄마가 의심스러운 표정으로 그를 기다리고 있다.

다니엘라   루카?! 어디에 갔다 온 거야?!

루카   (황급하게) 저기…

루카의 생각   물 위라고 하지 마. 물 위라고 하지 마.

루카   물 위에요. (헉하며)

그가 손으로 입을 틀어막고—

다니엘라   (화를 내며) 너 방금 뭐라고 했니?!

로렌초   (손가락으로 가리키며) 너 발이 왜 그래?!!

루카가 내려다보니– 발 하나가 아직도 인간의 발 모양이다.

루카   아아아아!!!

장면 급전환: 앞의 10초는 단지 그의 상상이다. 다행이다. 하지만 엄마는 아직도 그의 대답을 기다리고 있다.

다니엘라   루카? 어디에 있었는지 말해 줄 거니?

루카   제가… 어…

할머니가 곤경에 빠진 그를 구해 준다.

---

dusk 해 질 무렵, 황혼
race 급히 가다
suspicious 의심스러운
rushed 황급히
point 가리키다
imagination 상상

❶ **Where have you been?!**
어디에 갔다 온 거야?!
지금 엄마는 루카를 꾸짖으면서 루카가 어디에 있었는지를 물어보고 있어요. 이렇게 상대방을 질책하며 행방을 물어볼 때는 Where have you been? 이라는 표현을 써 주세요.

GRANDMA It's my **fault**. I sent him to look for **sea cucumbers**.

<할머니 내 잘못이야. 내가 해삼을 잡아 오라고 보냈거든.>

LUCA (**catching on** quick) RIGHT. Sorry, Grandma. I couldn't find them!

<루카 (재빨리 눈치채고) 맞아요. 죄송해요. 할머니. 제가 못 찾았어요!>

DANIELA Mom. His life is maybe a little more important than your snacks?

<다니엘라 어머니. 얘 목숨이 어머니 간식보다 더 중요하지 않겠어요?>

They **exchange glances**. The heat is off Luca.

<할머니와 루카가 눈짓을 주고받는다. 루카가 이번에는 위기를 넘겼다.>

LUCA (whispers) Thank you.

<루카 (속삭이며) 고마워요.>

INT. LUCA'S BEDROOM
Luca can't sleep. He just had the greatest day of his life. And tomorrow might be even better.

<실내. 루카의 방
루카는 잠을 이룰 수 없다. 생애 최고의 날을 보냈기 때문이다. 그리고 내일은 훨씬 더 재미있을 테니까.>

EXT. HILLTOP – NEXT DAY
Luca is **amazed** to find the Vespa now outside the tower, at the top of the hill.

<실외. 언덕 위 – 다음 날
언덕 위에서 루카는 탑 밖에 나와 있는 베스파를 보고 감탄한다.>

바로 이장면!*

LUCA Whoa! How'd you get it down?

<루카 왜! 이걸 어떻게 가지고 온 거야?>

ALBERTO (**bragging**) I RODE it down.

<알베르토 (우쭐하며) 타고 내려왔지.>

Beat. Alberto, how would that even work.

<정적. 알베르토, 그게 말이나 되니?>

ALBERTO (**admitting** the truth) I didn't. But I pushed it out the back window. Took a while to **put** back **together**. But it's fine now! You ready to ride it?

<알베르토 (실토하며) 아니야. 하지만 내가 뒤쪽 창문 밖으로 밀어냈지. 다시 조립하는 데 오래 걸렸지만, 이제 괜찮아! 탈 준비됐어?>

Alberto looks DOWN A **DIZZYINGLY STEEP** HILL.

<알베르토가 현기증이 날 정도로 가파른 언덕 아래를 바라본다.>

LUCA Ah. Well, thank you, but, no thank you. (beat) I mean I just think maybe I would die.

<루카 아. 뭐, 고맙지만 사양할게. (정적) 내 말은 죽을 수도 있을 것 같아서.>

---

fault 잘못, 실수

sea cucumber 해삼

catch on 이해하다

exchange glances 눈길을 주고받다

amazed 놀란

brag 자랑하다, 우쭐하다

admit 인정(시인)하다

put together 조립하다

dizzyingly 현기증이 날 정도로

steep 가파른

ALBERTO (shrugging) Okay, I'll ride it. You hold the **ramp**.

EXT. BOTTOM OF HILL
Now under the ramp at the bottom of the hill, Luca tries not to freak out–

LUCA Sir? Maybe we should sleep on it?

–as Alberto mounts the Vespa, high above him.

ALBERTO **Whatever you do, do not move!**❶

LUCA (panicking) I'm not the guy you want for this! I'm more of an idea man–

ALBERTO (triumphantly) TAKE ME, GRAVITYYYYYYYY!!!

알베르토 (어깨를 으쓱하며) 알았어. 내가 탈게. 넌 받침판이나 잡아 줘.

실외. 언덕 아래
언덕 아래 받침판 밑에서 루카가 겁을 먹지 않으려고 애쓰고 있다–

루카 저기? 좀 더 생각해 보는 건 어떨까?

– 알베르토가 베스파에 올라타는데, 루카보다 훨씬 높은 곳에 있다.

알베르토 절대로 움직이지 마!

루카 (겁을 먹고) 난 이런 걸 잘하는 애가 아니야! 난 아이디어를 내는 타입이라고—

알베르토 (의기양양하게) 중력아, 날 받아줘!!!

And with that glorious cry, Alberto **kicks off**– And races down the hill toward Luca. Almost immediately, the Vespa hits a rock and breaks **in half**. Alberto, now riding the front half like a **unicycle**, continues **hurtling** toward Luca–

ALBERTO THIS IS NORMAL. **STAY FOCUSED!**❷

Pieces of the Vespa come tumbling– he ducks behind the ramp. And **peeks out** to see Alberto tumble off the last remaining Vespa wheel and begin VIOLENTLY **SOMERSAULTING** TOWARD HIM.

LUCA AAAAAAAHHH.

ALBERTO (grunting) DON'T MOVE, DON'T MOVE. DON'T MOVE!

아주 유쾌하게 소리 지르며 알베르토가 출발한다. 루카를 향해 빠른 속도로 언덕을 내려간다. 하지만 얼마 가지 않아 베스파가 바위에 부딪히고 반으로 분리된다. 알베르토는 외발자전거처럼 앞부분만 타고서 루카를 향해 전속력으로 돌진한다.

알베르토 원래 이런 거야. 집중해!

베스파 부품들이 굴러 내려오고– 루카는 받침판 뒤에 몸을 웅크린다. 루카, 살짝 엿보는데 알베르토가 마지막까지 남아 있던 베스파 바퀴에서 떨어져서 자기를 향해 위험하게 돌진하고 있다.

루카 아아아아아아.

알베르토 (끙끙대며) 가만있어. 가만있어. 가만있어!

---

ramp 경사로, 받침판
triumphantly 의기양양하게
kick off 출발하다
in half 반으로
unicycle 외발자전거
hurtle 돌진하다
peek out 엿보다
somersault 공중제비를 하다, 뛰다

❶ **Whatever you do, do not move!**
절대로 움직이지 마!
'딴 건 다 해도 되지만 ~만큼은 하지 마!'라는 의미로 어떤 행동을 절대로 하지 말라고 강조하는 말이에요. '(무슨 일이 있어도) 절대로 ~하지 마'라고 해석해 주세요.

❷ **Stay focused!** 집중해!
상대방에게 '집중하라'고 다그칠 때 쓰는 말로 Focus!라고도 쓸 수 있어요. 과거분사 focused로 써야하는 것을 유의하세요.

Luca ducks back under the ramp just as Alberto jumps on it– Is suspended in the air for a glorious moment– CRASHES into the water– And just kinda floats there.

LUCA   He's dead. I killed him.

Alberto lifts his skinny sea monster **fists** to the heavens.

ALBERTO   WOOOOHOOO!! HA HA HA HA!!

LUCA   Wait. That was good?!

ALBERTO   Did you see the **height** I got?! Hey. Nice ramping. Come on, let's build another one.

Alberto **pats** Luca on the shoulder– A BIG DUMB SMILE **floods** Luca's face.

EXT. HILLTOP – DAY
Luca and Alberto begin **assembling** another Vespa, with more fun human items–Alberto **swings** a **buoy** around **joyously** and accidentally **bonks** himself in the head.

INT. HIDEOUT – LATER
Luca wears AWESOME HUMAN CLOTHES.

EXT. HIDEOUT
Luca and Alberto **GROOVE** to some **TUNES**.

EXT. HILLTOP
Alberto rides another **janky** Vespa down the hill as Luca, under the ramp again, is attacked by a **seagull**. Alberto tumbles down after all.

EXT. UNDERWATER FIELD
Daniela **glances from distance** at Luca's pasture to check on him– she is **fooled** by the silhouette of SMUCA.

루카가 받침판 밑으로 다시 몸을 숙이자 알베르토가 그 위를 뛰어올라 잠깐 공중에 황홀하게 떠 있다가 물 아래로 추락한다. 그리고 물 위에 둥둥 떠 있다.

루카 죽었나 봐. 내가 그를 죽였어.

알베르토가 깡마른 바다 괴물 주먹을 하늘을 향해 뻗어 올린다.

알베르토 우후!! 하하하하!!

루카 뭐야. 잘된 거야?!

알베르토 내가 얼마나 높이 날아오르는 지 봤어?! 이봐. 잘 받쳐줬어. 가자. 하나 더 만들자고.

알베르토가 루카의 어깨를 토닥인다– 루카는 멍한 미소를 짓는다.

실외. 언덕 위 – 낮
루카와 알베르토는 새로운 베스파를 만들기 시작하는데. 이번에는 인간들의 흥미로운 물건을 더 많이 활용한다. 알베르토가 부표를 신나게 마구 돌리다가 실수로 자기 머리를 친다.

실내. 아지트 – 잠시 후
루카는 멋진 인간의 옷을 입는다.

실외. 아지트
루카와 알베르토가 음악에 맞춰 춤을 춘다.

실외. 언덕 위
알베르토가 볼품없는 베스파를 타고 언덕을 내려오는데 받침판 밑에 있던 루카가 갈매기의 공격을 받는다. 알베르토는 결국 굴러떨어진다.

실외. 바닷속 들판
다니엘라가 루카를 확인하려고 멀리서 그가 있는 초원을 바라본다. 그러나 사실 스무카의 실루엣에 속은 것이다.

---

fist 주먹	bonk 때리다
height 높이	groove (음악에 맞춰) 춤을 추다
pat 치다, 토닥이다	tune 음악, 장단
flood ~에 가득하다	janky 볼품없는
assemble 조립하다	seagull 갈매기
swing 돌리다	glance 바라보다
buoy 부표	from distance 멀리서
joyously 즐겁게	fool 속이다

EXT. ISOLA DEL MARE
Alberto does a **fearless graceful CLIFF** DIVE.

ALBERTO (from the water) Come on, Luca!

Luca tries to do the same, but fear **takes over**–

LUCA   AAAAAAAHHH—

–and he ends up doing more of a **brutal** CLIFF **BELLY FLOP**.

EXT. UNDERWATER FIELD
Uh oh. Daniela **discovers** Smuca– And Lorenzo finds Luca's **cache** of human **trinkets**.

INT. HIDEOUT
Luca **diagrams** a Vespa with **charcoal**.

EXT. HIDEOUT
Luca **repurposes** the wire **hanger** Alberto has been using as a **back scratcher**, turning it into handlebars.

EXT. UNDERWATER FIELD – MORNING
DANIELA and LORENZO, hiding behind rocks, watch Luca position Smuca and then swim away. So THAT'S what he's been doing. The parents are **horrified**. But Daniela has a plan.

실외. 델 마레 섬
알베르토가 절벽에서 용감하고 멋지게 뛰어내린다.

알베르토 (물속에서) 빨리, 루카!

루카도 똑같이 해 보려고 하지만 덜컥 겁이 난다–

루카 아아아아아–

– 결국에 뛰긴 했지만 고통스러운 배치기 다이빙이 되어 버렸다.

실외. 바닷속 들판
이런. 다니엘라가 스무카를 발견한다. 그리고 로렌초는 인간 물건이 가득한 루카의 보물창고를 발견한다.

실내. 아지트
루카는 목탄으로 베스파 설계도를 그린다.

실외. 아지트
루카는 알베르토가 등긁개로 쓰던 옷걸이를 핸들로 사용한다.

실외. 바닷속 들판 – 아침
다니엘라와 로렌초는 바위 뒤에 숨어서 루카가 스무카를 세워 두고 다른 곳으로 헤엄쳐 가는 모습을 지켜본다. 쟤가 저러고 있었군. 부모들은 기겁한다. 다니엘라는 계획이 있다.

---

fearless 용감한

graceful 멋진, 우아한

cliff 절벽

take over 장악하다

brutal 잔혹한, 악랄한

belly flop 배치기 다이빙

discover 발견하다

cache 숨겨둔 곳

trinket 값싼 물건

diagram 그리다

charcoal 석탄, 목탄

repurpose 재사용하다

hanger 옷걸이

back scratcher 등긁개

horrified 기겁한

DISNEY · PIXAR
LUCA

Day 07

Silenzio, Bruno!

조용해, 브루노!

07.mp3

EXT. OPEN WATER – DAY
Luca and Alberto watch an ANGRY FISHERMAN shout at a passing **speedboat**–

실외. 광활한 바다 – 낮
루카와 알베르토는 화난 어부가 빠르게 지나가는 모터보트를 향해 고함치는 모습을 본다.

ANGRY FISHERMAN WHAT'S WRONG WITH YOU, **STUPIDO**?!

화난 어부 이게 무슨 짓이야, 멍청아?!

EXT. **GROTTO** – LATE AFTERNOON
Alberto YELLS into a cave, **imitating** him.

실외. 동굴 – 늦은 오후
알베르토가 어부 흉내를 내며 동굴 안으로 크게 소리친다.

바로 이 장면!*

ALBERTO WHAT'S WRONG WITH YOU, STUPIDO?!

알베르토 이게 무슨 짓이야, 멍청아?!

EXT. **COVE** – **SUNSET**
Luca grabs two SEA **SNAILS** and uses their **slime** to **style** his hair like Alberto's, and the two gaze happily at a sunset.

실외. 한적한 바닷가 – 해 질 녘
루카가 바다 달팽이 두 마리를 쥐고 그것의 끈적한 액체를 이용해 알베르토와 같은 헤어스타일을 완성한다. 두 소년은 행복하게 석양을 바라본다.

EXT. HILLTOP – NEXT DAY
Another day, another Vespa. But this time:

실외. 언덕 위 – 다음 날
다음 날, 새로운 베스파가 등장했다. 하지만 이번에는:

ALBERTO Look, we gotta ride together. If you don't sit on the back and hold on to the front, the whole thing **falls apart**.

알베르토 이봐, 같이 타야 해. 네가 뒤에 앉아서 앞으로 꽉 잡아주지 않으면 이게 다 떨어져 나간다고.

LUCA Oh. And who's holding the ramp?

루카 오, 그럼 받침판은 누가 잡고 있지?

ALBERTO The **turtle**.

알베르토 거북이가.

Yes. The ramp is **balanced** on a TURTLE.

그렇다. 받침판이 거북이 등 위에 올려져 있다.

---

speedboat 모터보트, 쾌속정
stupido (이태리어) 바보, 멍청아 (= stupid)
grotto 작은 동굴
imitate 흉내를 내다
cove 작은 만, 후미진 바닷가
sunset 석양
snail 달팽이
slime 끈적한 액체
style (옷머리 등) 스타일을 만들다
fall apart 떨어져 나가다
turtle 거북이
balance 균형을 잡다

ALBERTO	Come on. He's faster than he looks.	**알베르토**	어서. 쟤가 보기보다 빠르거든.
LUCA	(**resolutely**) Oh, okay. Here we go.	**루카**	(단호하게) 오, 알았어. 해 보자고.
Beat. Luca doesn't move.		정적. 루카는 움직이지 않는다.
ALBERTO	You, uh... you coming?	**알베르토**	너, 어… 안 타?
LUCA	Nope. I can't do it. **Never in a million years**.	**루카**	아니. 나 못하겠어. 죽어도 못 해.
ALBERTO	Hey, hey, hey. I know your problem. You got a Bruno in your head.	**알베르토**	이봐. 뭐가 문제인지 알겠어. 네 머릿속에 브루노가 있는 거야.

LUCA	A Bruno?	**루카**	브루노?
ALBERTO	Yeah. I get one, too, sometimes. "Alberto, you can't. Alberto, you're gonna die. Alberto, don't put that in your mouth." Luca, it's simple: Don't listen to stupid Bruno.	**알베르토**	그래. 나도 가끔 생겨. "알베르토, 넌 할 수 없어. 알베르토, 넌 죽을 거야. 알베르토, 먹지 마." 루카, 간단해: 멍청한 브루노의 말을 듣지 마.
Beat, as Luca **puzzles** over this.		정적. 루카가 이 말에 어리둥절하다.
LUCA	Why is his name Bruno?	**루카**	왜 이름이 브루노야?
ALBERTO	I don't care. It doesn't matter. Call him whatever you want. **Shut him up**. Say, SILENZIO, BRUNO.	**알베르토**	낸들 알아? 그건 중요한 게 아니라고. 이름은 원하는 대로 불러. 그냥 말을 못하게 하는 거야. 말해 봐, 조용해, 브루노.
LUCA	(**hesitantly**) Silenzio, Bruno.	**루카**	(주저하며) 조용해, 브루노.
ALBERTO	**Louder**!	**알베르토**	더 크게!
LUCA	Silenzio, Bruno!	**루카**	조용해, 브루노!
ALBERTO	SILENZIO, BRUNO!	**알베르토**	조용해, 브루노!

---

resolutely 단호하게
never in a million years 절대로 ~하지 않다
puzzle 어리둥절하다, 당황하다
shut ~ up ~를 입 다물게 하다
Silenzio (이태리어) 조용히 해 (= Silence)
hesitantly 머뭇거리며, 쭈뼛하며
loud 소리가 큰 (비교급 louder)

LUCA Silenzio, Bruno!!	루카 조용해, 브루노!!
ALBERTO SILENZIO, BRUNO!	알베르토 조용해, 브루노!
ALBERTO CAN YOU STILL HEAR HIM?!	알베르토 아직도 걔 목소리가 들리니?!
LUCA NOPE! JUST YOU!	루카 아니! 네 목소리만 들려!

Alberto **physically** puts Luca on the back of the Vespa.

알베르토가 루카를 베스파 뒷좌석에 태운다.

ALBERTO GOOD. Now, **hang on.** ❶

알베르토 좋아. 이제 꽉 잡아.

Alberto checks his image in the **rearview mirror** (not a mirror, instead a taped photo of MARCELLO MASTROIANNI)– And he **kicks off**.

알베르토가 사이드 미러로 자기 모습을 확인한다 (거울은 없고, 대신 마르첼로 마스트로이안니의 사진이 테이프로 고정되어 있다). 그리고 마침내 출발한다.

ALBERTO ANDIAMOOOOOOO!

알베르토 자 간다다다야!

Luca **clings to** Alberto, terrified, as they go HURTLING DOWN THE HILL, **bouncing off** loose rocks and stuff. Alberto's **erratic** steering mostly does not have them aimed at the ramp.

겁에 질린 루카가 알베르토를 꽉 붙잡는다. 그들은 언덕 아래로 돌진하는데 바위 등의 장애물에 부딪혀 이리저리 튕겨 내려온다. 알베르토가 간간이 핸들을 조종하지만 받침판이 있는 방향에서 벗어난다.

ALBERTO (psyched) WOOHOOOOOOOOO!!! YEAH!!!

알베르토 (매우 기뻐하며) 우후!!!! 얍!!!

Luca's eyes are shut tight–he opens them for a peek—the Vespa begins to FALL APART–oh God no–he shuts his eyes, grips Alberto tightly, and pulls the Vespa back together.

눈을 꼭 감고 있던 루카가 잠시 실눈을 뜨는데 베스파가 분리되기 시작한다. 오, 안 돼. 그가 눈을 꼭 감고 알베르토를 꽉 붙잡으며 떨어지는 베스파를 다시 합체시킨다.

LUCA (terrified muttering) Silenzio, Bruno. Silenzio, Bruno. Silenzio, Bruno. Silenzio, BrunooOOOOOOOOO.

루카 (겁에 질려 중얼거리며) 조용해, 브루노, 조용해, 브루노, 조용해, 브루노, 조용해, 브루노오오오-

Alberto steers them onto the ramp just in time.

알베르토가 마지막 순간 타이밍을 맞춰 받침판 쪽으로 방향을 바꾼다.

ALBERTO YAHOOOOOOOOOOOOOOOO!!

알베르토 야호호오오오오!!

---

physically 물리적으로

rearview mirror 사이드 미러

kick off 출발하다

Andiamo (이태리어) 자 간다 (= Here we go.)

cling to ～에 달라붙다

bounce off 이리저리 튀다

erratic 불규칙한

psyched 매우 기쁜, 들뜬

❶ **Hang on.**
꽉 잡아.
역동적인 디즈니 영화에서 주인공이 자주 하는 대사예요. 자동차 등을 타고 가다가 갑자기 크게 움직일 때 '꽉 잡아'라는 뜻으로 하는 말이죠. Hold on! 혹은 Hang on tight! 역시 같은 뜻으로 자주 쓰는 표현이에요.

And Luca opens his eyes as they **SOAR** gloriously into the sky– And takes in the SPARKLING SEA, THE CLOUDS, the SHORELINE. It's an indescribably wonderful moment. Then they begin **plummeting** seaward.

ALBERTO Uh-oh.

Specifically right toward an extremely sharp-looking rock.

LUCA AAAAAAAAAAHHH.

At the last moment, Luca, thinking quickly, **SHOVES** Alberto's half of the Vespa away from his half– They become TWO **PROJECTILES** instead of one, and Alberto SPLASHES down safely on one side of the rock, Luca on the other. They **SURFACE**–Alberto shoots his fists in the air– Luca's **disbelief** quickly turns to **ELATION**:

ALBERTO WHOOHOOO! YEAH!

LUCA YES! WE'RE ALIVE! I CAN'T BELIEVE IT!

ALBERTO Take that, Bruno!❶

LUCA YES!

그들이 하늘로 우아하게 솟아오르자 루카가 눈을 뜨고 반짝이는 바다와 구름 그리고 해안가의 장관을 마음껏 감상한다. 말로 표현할 수 없을 정도로 멋진 순간이다. 그리고는 바다를 향해 곤두박질친다.

알베르토 어어.

매우 날카로워 보이는 바위를 향해서 낙하하고 있다.

루카 아아아아.

마지막 순간 루카는 재빨리 기지를 발휘해서 알베르토가 타고 있는 베스파 반쪽을 자신에게서 밀쳐낸다. 알베르토와 루카는 둘로 갈라져서 바위 양쪽으로 안전하게 떨어진다. 물 위로 올라온 아이들. 알베르토는 하늘을 향해 두 주먹을 치켜올린다. 믿기지 않는다는 표정의 루카도 크게 환호한다.

알베르토 우후! 야호!

루카 그래! 우리 살았어! 믿기지 않아!

알베르토 맛이 어떠냐, 브루노!

루카 그래!

---

soar (허공으로) 솟구치다, 날다
plummet 곤두박질치다
specifically 분명히, 명확하게
shove 밀치다
projectile 발사체
surface 물 위로 올라오다
disbelief 믿기지 않음
elation 기쁨, 환호

❶ **Take that, Bruno!**
맛이 어떠냐, 브루노!
Take that.은 상대방을 공격하거나 상대의 공격에 반격을 가하면서 기합 소리로 외치는 말이에요. '받아라!', '맛 좀 봐라!', '자, 이래도!' 등으로 해석할 수 있어요.

Anchovies in the Night Sky
밤 하늘에 있는 멸치들

🎧 08.mp3

EXT. **ROOFTOP** – EVENING
Luca and Alberto lay around a CAMPFIRE, gazing at the STARS.

LUCA　What are all those **tiny** lights?

ALBERTO　**Anchovies**. They go there to sleep.

Luca is **DUMBFOUNDED**.

LUCA　Really?

바로 이장면!*

ALBERTO　Yeah. The big fish protects them. (pointing at the moon) I touched it once. (**nonchalant**) I dunno. Felt like a fish.

Luca is **ASTOUNDED**. And a little **wistful**.

LUCA　Wow. Your life is so much cooler than mine. I never go anywhere. I just dream about it.

ALBERTO　You came up here!

LUCA　**Thanks to you.**❶ (gazing at stars) Otherwise I never would have seen any of this.

His gaze **travels** to the HUMAN TOWN across the water.

LUCA　Have you ever gone to the human town?

실외. 옥상 – 저녁
루카와 알베르토는 화로 주변에 누워 있다. 별을 바라본다.

루카　저 작은 빛들은 뭐야?

알베르토　멸치. 저기에 올라가서 잠을 자.

루카, 어리둥절하다.

루카　정말로?

알베르토　그래. 저 큰 물고기가 쟤들을 보호해 줘. (달을 가리키며) 나도 한 번 만져 봤지. (아무것도 아니라는 듯) 글쎄. 그냥 물고기 느낌이었어.

루카, 놀라워한다. 그리고 이내 아쉬운 표정이다.

루카　와. 나보다 훨씬 더 멋진 생활을 하는구나. 난 다른 곳을 갈 수 없는데. 그냥 꿈만 꾸지.

알베르토　그래도 여기까지 올라왔잖아!

루카　네 덕택이지. (별을 바라보며) 그렇지 않았다면 이런 걸 보지 못했겠지.

루카는 바다 건너 사람들이 사는 마을로 눈길을 돌린다.

루카　사람들 마을에 가 본 적 있어?

---

rooftop 옥상
tiny 작은
anchovy 멸치
dumbfounded 말문이 막힌, 어안이 벙벙한
nonchalant 태연한
astounded 놀란
wistful 아쉬운
travel 이동하다

❶ **Thanks to you.**
네 덕택이지.
Thanks to ~는 '~덕분에', '~때문에'라는 뜻으로 고마움을 표현하고 싶은 대상을 드러내고 싶을 때 사용하는 표현이에요. 반면 Thanks for ~는 '~해서 고마워'라는 뜻으로 고마운 이유를 말하면서 쓰는 표현이에요. 'Thanks to + 대상', 'Thanks for + 이유'라고 암기해 두세요.

ALBERTO Yeah! (beat. This is a lie.) Uh… No. But, but my dad told me all about it. So, I'm pretty much an **expert**.

알베르토 물론! (정적. 이는 거짓말이다) 어… 아니. 하지만, 아빠가 다 말해 줬어. 뭐, 거의 전문가 수준이지.

LUCA Your dad sounds so cool. You're lucky he lets you do what you want.

루카 너희 아빠 정말 쿨하네. 넌 운이 좋은 거야. 하고 싶은 걸 하게 해 주시니까.

ALBERTO Yeah, for sure.

알베르토 그래. 물론이지.

A silence. Each boy is in his head. Alberto gets them out of it.

침묵이 흐른다. 아이들 각자 생각에 잠긴다. 알베르토가 침묵을 깨고 말한다.

ALBERTO Hey, you remember that time we almost hit that rock? And we flew **through the air**, and I was like "YEAHHH!" And then you were like "NOOO!!"

알베르토 이봐, 우리가 바위랑 박치기할 뻔했잖아. 그리고 하늘을 날고, 난 "예에이!" 넌 "안 돼!"라고 했지.

It **cracks** Luca **up**.

이 말을 듣고 루카가 박장대소한다.

LUCA Wouldn't it be amazing to have a real Vespa?

루카 진짜 베스파를 가지면 얼마나 좋을까?

ALBERTO Yeah. That's the dream.

알베르토 그래. 정말 대박일 거야.

LUCA Yeah.

루카 그렇지.

DISSOLVE TO HIS IMAGINATION: EXT. FIELDS – DAY
Luca and Alberto ride through the open fields on a Vespa. Little **trails** of smoke rising from the field **alert** them to–

루카의 상상으로 장면 전환: 실외. 초원 – 낮
루카와 알베르토가 베스파를 타고 탁 트인 초원을 달린다. 들판에서 희미한 연기가 솟아올라 그들이 쳐다보는데 –

ALBERTO Oh, Luca, look!

알베르토 오, 루카. 저기 봐!

A herd of **UNTAMED**, **RIDERLESS** VESPAS, like wild horses.

아무도 타고 있지 않은 야생 베스파 떼가 마치 야생마처럼 달린다.

LUCA Wild Vespas! Whoo-hoo!

루카 야생 베스파야! 우후!

ALBERTO **Luca, take over!**❶

알베르토 루카, 운전대를 잡아!

Luca climbs up front and **takes control**.

루카가 앞으로 이동해서 운전대를 잡는다.

---

expert 전문가
through the air 공중을 가로질러
crack ~ up 크게 웃게 만들다
trail 흔적
alert 주의를 환기시키다
untamed 길들여지지 않은
riderless 타는 사람이 없는
take control 조정하다

❶ **Luca, take over!**
루카, 운전대를 잡아!
이 표현 역시 역동적인 디즈니 영화에서 자주 들을 수 있는 말이에요. 상대방에게 급하게 운전대를 맡겨야 할 때 다급하게 외치는 말이죠. 원래 take over는 '인수(인계)하다', '이어받다'라는 뜻이에요.

ALBERTO Yeah man!

The wild Vespas ride with them toward a GIANT RAMP that goes straight into the sky.

ALBERTO Come on. Faster!! Yeah!

Luca can't resist Alberto's **encouragement**. He **guns** it and shoots up the ramp, launching them into the sky–

ALBERTO WHOOOHOOOO!

They fly among the stars, which are, indeed, **LUMINOUS** GOLDEN FISH. Luca reaches out to touch one–its skin **RIPPLES** brilliantly—

LUCA I'm doing it, Alberto! I'm doing it!

But when he looks back, Alberto has DISAPPEARED.

LUCA Alberto?

And everything begins turning to water– Luca transforms back and begins falling **earth**ward, **abyss**ward–

LUCA AAAAAAAHHH–

SMASH BACK TO REALITY: EXT. ROOFTOP – NIGHT
Luca **JOLTS AWAKE**, on the ROOFTOP. IT WAS A DREAM–

LUCA Oh, no! **I fell asleep!**❶

ALBERTO (**groggy**) Hmm–whaa?

Luca runs off.

INT. PAGURO HOME – LUCA'S BEDROOM – NIGHT
Luca sneaks into his room– His GRANDMA is snoring. WHEW. But–
WHIP PAN to DANIELA, arms folded, in the doorway–

알베르토 그래!

아이들과 함께 야생 베스파들이 하늘로 곧장 올라 갈 수 있는 거대한 받침판을 향해 돌진한다.

알베르토 어서, 더 빨리!! 예이!

알베르토의 말에 용기를 얻은 루카, 전속력으로 질 주해 받침판을 타고 하늘로 날아올라간다.

알베르토 우후!

그들이 별 사이를 날고 있다. 정말로 별들은 찬란 하게 빛나는 황금 물고기들이다. 루카가 팔을 뻗어 건드리는데 비늘이 반짝이며 물결친다—

루카 내가 물고기를 만지고 있어, 알베르토! 만졌 다고!

그러나 뒤를 돌아보자, 알베르토는 사라지고 없다.

루카 알베르토?

모든 것이 물로 바뀌기 시작한다 – 루카가 바다 괴물로 변신하고 끝없이 아래로 떨어진다.

루카 아아아아아–

급히 현실로 돌아온다: 실외. 옥상 – 밤
루카가 깜짝 놀라 잠에서 깨어난다. 지금 그는 옥 상에 있다. 방금 있었던 일은 꿈이었다.

루카 오, 안 돼! 잠이 들었어!

알베르토 (잠에 취해서) 음– 뭐라고?

루카가 황급히 달려간다.

실내. 파구로 가족의 집 – 루카의 방 – 밤
루카가 방으로 조용히 들어간다. 할머니가 코를 골 고 있다. 휴 다행이다. 하지만– 방 입구에서 팔짱 을 끼고 있는 다니엘라에게 카메라가 빠르게 이동 한다.

---

encouragement 격려

gun (전속력으로) 질주하다

luminous 빛이 나는

ripple 물결치다

earthward 아래로

abyss 깊은 구렁

jolt awake 벌떡 깨다

groggy 의식이 거의 없는

❶ **I fell asleep!**
잠이 들었어!
fall asleep은 잠을 자려는 의도가 별로 없었는데 어떻게 하다 보니 잠을 자게 되었다는 의미예요. 지금 루카처럼 자면 안 되는데 잠이 들었다고 할 때는 sleep보다는 fall asleep이라고 하는 게 더 자연스럽죠.

Mom's Sending Me to the Deep

엄마는 날 깊은 곳으로 보내려 해

🎧 09.mp3

INT. DINING ROOM – NIGHT
Luca sits guiltily at the table, holding his tail nervously. His alarm clock and playing cards are on the table. Both parents **hover** over him. Daniela maintains a **stony** silence. Lorenzo, ever **conflict-averse**, **hems and haws**.

LUCA   Uh…

LORENZO   Daniela, do we really need to go through with this?

LUCA   (very worried) With… what?

LORENZO   (struggling to **take the lead**) Uh, son, you're in big trouble. **You need to promise us that you'll never sneak off to the surface again.** ❶

LUCA   I'm really sorry. (trying for good news) But you know– it's not that dangerous up there. Maybe I could show you!

DANIELA   (erupting) I told you. Our son has a **death wish**!

LUCA   But Mom, we're always careful—

Luca covers his mouth, realizing his mistake.

DANIELA & LORENZO   "We"?

실내. 주방 – 밤
루카는 불안해하며 꼬리를 움켜쥐고 탁자에 죄지은 듯 앉아 있다. 그의 알람 시계와 트럼프 카드가 탁자 위에 놓여 있다. 부모님이 그를 지켜본다. 다니엘라는 무거운 침묵을 지키고 있다. 갈등을 싫어하는 로렌초는 주저한다.

루카   어…

로렌초   다니엘라. 우리 정말 이렇게까지 해야 해?

루카   (매우 걱정하며) 이렇게… 뭐를요?

로렌초   (힘겹게 말을 먼저 꺼내며) 어, 아들아. 네가 잘못한 거야. 다시는 물 위로 몰래 나가지 않겠다고 약속해.

루카   정말 죄송해요. (좋은 말을 하려고) 헌데 물 위가 그리 위험하지는 않아요. 제가 보여드릴 수 있어요!

다니엘라   (말을 끊으며) 내가 말했지? 얘가 죽고 싶은 모양이네!

루카   하지만 엄마. 우리는 항상 조심한다고요—

루카가 실수를 깨닫고 입을 틀어막는다.

다니엘라와 로렌초   "우리"?

---

hover 맴돌다, 서성이다
stony 돌 같은, 냉담한
conflict-averse 갈등을 싫어하는
hem and haw 더듬거리다, 주저하다
take the lead 먼저 시작하다
sneak off 몰래 빠져나가다
erupt 폭발하다
death wish 유언

❶ **You need to promise us that you'll never sneak off to the surface again.**
다시는 물 위로 몰래 나가지 않겠다고 약속해.
You need to ~는 '넌 ~할 필요가 있어'가 아니라 '넌 ~해야 해'라는 의미로 무언가를 강하게 권하거나 강요할 때 쓰는 말이에요. 그리고 〈sneak off to + 장소〉는 '~로 몰래 빠져나가다'라는 뜻이랍니다.

LUCA	Me and my friend. Alberto. But it's okay! He's one of us–

루카 저하고 제 친구. 알베르토요. 하지만 괜찮아요! 걔도 우리와 같은 종족인데–

An **angler** light behind Luca switches on to reveal– UNCLE UGO, Lorenzo's twin brother. He's been **lurking** here this whole time.

루카 뒤에서 아귀의 불빛이 켜지고 로렌초의 쌍둥이 형 우고의 모습이 나타난다. 그는 계속 여기에 숨어 있었다.

UNCLE UGO Ah, yes, there's usually a bad **influence**.

우고 큰아빠 아, 그렇지. 나쁜 영향을 주는 친구들이 있지.

He is like Lorenzo but **transparent**-skinned, **milky-eyed**, and generally horrifying to **behold**.

그는 로렌초와 닮았는데 몸속이 훤히 드러나 보이는 투명한 피부에 백내장이 있고 전반적으로 끔찍한 외형이다.

UNCLE UGO Good thing you sent for me when you did.

우고 큰아빠 나를 부른 건 잘한 일이야.

LORENZO Luca, this is my brother. Your Uncle Ugo.

로렌초 루카, 아빠의 형이란다. 우고 큰아빠시지.

DANIELA **Thanks again for coming all this way on such short notice.** ❶

다니엘라 급하게 이곳까지 와 주셔서 다시 감사드려요.

UNCLE UGO Of course. Hello, Luca. It is nice to– (chokes)

우고 큰아빠 물론 와야지. 안녕, 루카. 만나서 반가– (목이 막힌 듯)

Ugo FREEZES. His heart has visibly stopped.

우고가 갑자기 움직이지 않는다. 심장이 멈춘 것이다.

LORENZO Luca, I need you to punch his heart. (off Luca's hesitation) That's right. The red thing. Punch it.

로렌초 루카, 큰아빠의 심장을 주먹으로 치렴. (주저하는 루카) 그래. 그 빨간 거. 쳐.

Luca gives Uncle Ugo's chest a little NUDGE.

루카는 우고 큰아빠의 가슴을 살짝 건드린다.

LORENZO Harder!

로렌초 더 세게!

Luca **socks** Uncle Ugo in the heart. He **jolts** back to life.

루카가 우고 큰아빠의 심장을 세게 때린다. 그가 갑자기 움직이며 다시 살아난다.

---

angler 아귀
lurk 숨어있다
influence 영향
transparent 투명한
milky-eyed 백내장이 있는
behold 바라보다
sock 세게 때리다
jolt 갑자기 움직이다

❶ **Thanks again for coming all this way on such short notice.**
급하게 이곳까지 와 주셔서 다시 감사드려요.
come all this way는 '아주 먼 곳에서 이곳까지 수고스럽게 오다'라는 뜻이에요. 또한 on such short notice는 '아주 급하게 연락했음에도 불구하고'라는 뜻이죠. 이때 notice는 '알리다'라는 동사가 아니라 '공고', '알림'이라는 명사의 뜻으로 쓰였어요.

UNCLE UGO (coughing) Thanks for that. Too much **oxygen** up here. Not like the deep. As you'll learn!

LUCA (horrified) ...what?

UNCLE UGO (rambling) Sure, there's no sunlight. But there's nothing to see anyway! Or do. It's just you and your thoughts. And all the whale **carcass** you can eat. Little bits of it just **float** into your mouth. You can't stop it. You can't see it. So if you… The mouth is opened, the whale carcass go in. Yes, good. I recommend it. Come on! **No time to waste!** ❶

LUCA (panicked) Mom? What does he mean?

DANIELA You're going to stay with Uncle Ugo for the rest of the season.

BOMBSHELL.

LUCA No! I can't–

DANIELA TWO seasons, then! Wanna go for three?!

LUCA Why are you doing this?!

DANIELA (terrible, **vulnerable**) The world is a very dangerous place, Luca! And if I have to send you to the bottom of the ocean to keep you safe–**so be it!** ❷

LUCA You don't know what it's like up there!

DANIELA I know YOU. And I know what's best for you. It's done.

우고 큰아빠 (기침하며) 고마워. 여긴 산소가 너무 많네. 깊은 바다와는 달라. 너도 배우게 될 거야!

루카 (겁을 먹으며) …네?

우고 큰아빠 (중얼거리듯) 물론 햇빛도 안 들어와. 헌데 볼 것이 없으니 괜찮아! 할 것도 없지. 단지 너와 너의 생각만 존재할 뿐이야. 고래 사체를 맘껏 먹을 수 있어. 사체 조각이 네 입 안으로 밀려 들어오는데 막을 수는 없지. 볼 수 없거든. 그래서 네가 만약… 입만 벌리면 그냥 고래 사체가 들어 오는 거야. 그래, 맛있지. 그걸 추천하지. 어서 가지고! 꾸물거리지 말고!

루카 (겁에 질려서) 엄마? 지금 큰아빠가 무슨 말씀하시는 거죠?

다니엘라 넌 이번 계절 동안 큰아빠 댁에서 함께 지낼 거야.

폭탄선언이다.

루카 안 돼요! 전 그렇게 못해요–

다니엘라 그럼 두 계절로 하지! 세 계절로 할까?!

루카 왜 이러시는 거예요?!

다니엘라 (기분이 안 좋지만, 어쩔 수 없다는 듯) 세상은 위험한 곳이야. 루카! 너를 안전하게 지키기 위해서 바다 밑바닥으로 보내야 한다면, 그렇게라도 할 거야!

루카 엄마는 물 위 세상이 어떤지 모르잖아요!

다니엘라 난 널 알아. 그리고 너에게 뭐가 가장 좋은 건지도 알고. 이제 끝난 일이야.

---

cough 기침을 하다

oxygen 산소

ramble 중얼거리다

carcass 고래 사체

float 떠다니다

panicked 놀라운

bombshell 폭탄선언

vulnerable 약한, 어쩔 수 없는

❶ **No time to waste!** 꾸물거리지 말고!
상대방에게 행동을 빨리하라고 다그치는 말이에요. No time to ~는 We have no time to ~를 줄인 말인데 '~할 시간이 없어'라는 뜻으로 시간이 촉박함을 알리는 표현이에요.

❷ **So be it!** 그렇게라도 할 거야!
'그렇게 하라지!', '그렇게 하겠어!'라는 뜻으로 별로 내키지는 않지만 그 일을 하겠다는 말이에요.

Luca **fumes bitterly**. Daniela's **heart breaks** a little as she watches him—she needs for him to understand–

DANIELA Hey. Look me in the eye. You know I love you, right?

Luca **refuses** to **reply**–instead he **whirls** and **heads off** to his bedroom, **furious**.

루카, 매우 화가 난 모습이다. 그를 바라보는 다니엘라의 가슴은 무너진다. 그녀는 루카가 자신을 이해해 주기를 바란다.

다니엘라 얘야. 내 눈을 똑바로 봐. 내가 널 사랑하는 거 알지, 그렇지?

루카는 대답하지 않고 뒤돌아 자기 방으로 간다. 화난 모습으로.

---

fume 씩씩대다
bitter 격렬한, 억울해하는
heart break 비통, 상심
refuse 거절하다
reply 대답하다
whirl 몸을 돌리다
head off 진로를 바꾸다, 회피하다
furious 화가 난

DISNEY·PIXAR
LUCA

Finding Signor Vespa in the Human Town

인간 마을에서 베스파 씨를 찾아서

🎧 10.mp3

INT. LUCA'S BEDROOM
Luca **paces** his bedroom. He glances at the window, then back at bedroom door. He makes a decision and escapes out the window. Grandma saw the whole thing. She **chuckles**. Go get em, kid.

EXT. ALBERTO'S HIDEOUT – MORNING

LUCA (O.S.) They're sending me to **the deep**!

Luca paces, furious, as Alberto listens in **disbelief**.

LUCA To live with my **weird** see-through uncle!! What do I do?!

ALBERTO (hoping it's this easy) …Stay?

LUCA Up here? They'll come looking for me!

ALBERTO (panicky, **stalling for time**) Okay. That may be true. But– (getting the best idea he has ever had) will they come looking for you over there?

Alberto is pointing to the HUMAN TOWN, across the water.

LUCA **No way.**❶ That's crazy.

바로 이장면!

ALBERTO I mean, that place must **be full of** Vespas. There's gotta be one for us.

실내. 루카의 방
루카가 방에서 초조하게 서성인다. 창문을 바라보다가 방문으로 시선을 돌린다. 결심하고 창문으로 도망간다. 할머니가 모든 것을 보고 있었다. 그녀가 키득 웃는다. 가서 즐기렴. 애야.

외부. 알베르토의 아지트 – 아침

루카 (목소리) 날 바다 깊은 곳으로 보내려고 하셔!

화가 난 루카가 이리저리 돌아다니고 알베르토도 믿을 수 없다는 듯 루카의 말을 듣고 있다.

루카 온몸이 시스루인 이상한 큰아빠하고 살래!! 나 어쩌지?!

알베르토 (아주 쉬운 일이라는 듯) …그냥 있는 게 어때?

루카 여기에? 날 찾으러 오실 거야!

알베르토 (겁을 먹고, 잠시 말을 멈춘 후) 그래. 그러실 수도 있지. 하지만– (인생 최고의 아이디어가 떠오르며) 저기까지 찾으러 오실까?

알베르토가 바다 건너 인간 마을을 가리킨다.

루카 말도 안 돼. 미친 짓이야.

알베르토 내 말은, 저곳에는 베스파가 정말 많을 거야. 우리를 위한 것도 틀림없이 있을 거라고.

---

pace 이리저리 돌아다니다
chuckle 키득 웃다
the deep 깊은 곳
disbelief 믿을 수 없음
weird 이상한
stall for time 잠시 멈추다
be full of ~로 가득하다

❶ **No way.**
말도 안 돼.
상대방의 말에 믿을 수 없다는 듯한 반응을 보일 때 쓰는 말이에요. 또한 절대로 어떤 일을 하지 않겠다고 강하게 반발할 때도 쓸 수 있는데 이럴 때는 '절대 안 돼'라고 해석하는 게 좋아요.

LUCA	(excited) Huh. A real Vespa. (**second-guessing** himself) Could we even survive over there?		**루카** (흥분하며) 허, 진짜 베스파. (의심스러운 듯) 우리가 저기서 살아남을 수 있을까?
ALBERTO	You and me? We can do anything. We'd swim right over to Vespatown, **track down Signor** Vespa…		**알베르토** 너하고 나? 우리는 뭐든지 할 수 있어. 베스파 마을로 헤엄쳐 가서 베스파 씨를 찾아서…
LUCA	Wait. Do you really think there's a Signor Vespa?		**루카** 잠깐. 베스파 씨가 진짜 있을까?
ALBERTO	**Makes sense, right?**❶		**알베르토** 있을 수 있지, 안 그래?
LUCA	Yes. Continue.		**루카** 그래, 계속해 봐.
ALBERTO	And we say, "Signor Vespa! Build us one… of THESE."		**알베르토** 그리고 이렇게 말하는 거야. "베스파 씨! 이런 거… 하나만 만들어 주세요."

Alberto pulls out a boyish **SCHEMATIC** of their **custom** Vespa drawn on a **torn-out** page from a book. The drawing has **outlandish embellishments** and an extra long seat.

알베르토가 책에서 찢은 종이에 어린아이가 그린 듯한 베스파 설계도를 꺼낸다. 기이한 장식이 달려 있고 안장은 유난히 길어 보인다.

LUCA	Whoa. This is the greatest drawing I've ever seen.		**루카** 와우. 지금까지 내가 본 그림 중에 최고야.
ALBERTO	Yeah, I know. Luca, think about it. Every day we'll ride someplace new. And every night we'll sleep under the fish. No one to tell us what to do. Just you and me out there. Free!		**알베르토** 그래, 나도 알아. 루카, 상상해 봐. 매일 이걸 타고 새로운 곳으로 가는 거야. 그리고 매일 밤 물고기들 아래에서 잠을 자. 아무도 우리에게 뭐라고 하지 않아. 저곳에 너와 나만 있는 거지. 자유롭게!

EXT. ALBERTO'S HIDEOUT – DAY
The boys run toward a cliff.

실외. 알베르토의 아지트 – 낮
아이들이 절벽을 향해 달린다.

ALBERTO TAKE ME, GRAVITYYYY–

알베르토 중력아. 날 받아줘–

Alberto CLIFF DIVES— Luca gets to the cliff, and as always HESITATES. He looks out toward the human town.

알베르토가 절벽 다이빙을 한다. 루카도 절벽으로 다가가지만, 늘 그렇듯 주저한다. 그는 인간 마을을 바라본다.

---

second-guess 의심하다, 예측하다

track down 찾다

Signor (이태리어) ~ 씨 (= Mr.)

schematic 도식, 설계도

custom 주문한, 맞춤의

torn-out 찢은

outlandish 기이한

embellishment 장식

❶ **Makes sense, right?**
있을 수 있지, 안 그래?
지금 알베르토는 베스파 씨에 관한 자기 생각이 일리가 있다고 주장하고 있어요. make sense는 원래 '타당하다', '이해가 되다'라는 뜻인데 회화에서는 누군가의 말이 '일리가 있다', '말이 되다'라는 의미로 자주 쓴답니다.

LUCA   (to himself) Silenzio, Bruno.

He JUMPS—

EXT. OPEN WATER
Luca and Alberto swim at TOP SPEED WITH **MAXIMUM** EXCITEMENT–
They are heading for a rock– Luca is about to avoid it but Alberto
grabs him, and pulls him OUT OF THE WATER– They ARC GRACEFULLY
OVER THE ROCK, **plunging** back into the water—

ALBERTO (laughs) Come on!

CUE A GLORIOUS **KINETIC SEQUENCE** OF LUCA AND ALBERTO
swimming to town, **leaping** out of the water, **skimming** and skating
across the waves– Alberto leading the way, Luca following, coming
into his own.

EXT. PORTOROSSO **HARBOR** – LATER
Luca and Alberto surface near a **buoy**. In front of them–the human
town is beautiful. But they don't get long to admire it–a fishing boat
motors by and they DIVE, but not before a girl on the boat sees
something.

CHIARA   Papá? What's that?!

UNDERWATER: They hide behind the **SUNKEN** BOAT.

LUCA   How do we get in?

EXT. COVE
An **overturned** boat walks out of the water, with sea monster feet
underneath that quickly turn to human feet. They've made it onto
land. Alberto, all **confidence**, leads Luca towards town–

ALBERTO This will be **a breeze**. Just don't get wet.

But Luca's **panic overtakes** him at the first sight of humans– two
FISHERMEN **strolling** toward them.

루카 (혼잣말로) 조용해, 브루노.

그가 뛰어내린다—

실외. 광활한 바다
매우 흥분한 루카와 알베르토는 전속력으로 헤엄
친다. 바위 쪽으로 가는데 루카가 그것을 피하려
고 할 때 알베르토가 그를 붙잡고 물 밖으로 끌어
낸다. 아이들은 아치를 그리며 우아하게 바위 위를
날아올랐다가 다시 물속으로 풍덩 들어간다.

알베르토 (웃으며) 빨리 와!

루카와 알베르토의 역동적이고 화려한 장면들. 아
이들이 마을로 헤엄쳐 가고 있다. 물 밖으로 솟구
쳐 올라 스케이트를 타듯이 파도 위를 스치며 지
나간다. 알베르토가 앞장서고 루카가 뒤를 따르는
데 꽤 능숙한 솜씨를 보여 준다.

실외. 포르토로소 부둣가 – 잠시 후
루카와 알베르토가 부표 근처 수면 위로 올라온다.
그들 앞에 펼쳐진 인간 마을은 아주 아름답다. 그
러나 그들이 오랫동안 감탄하고 있을 수는 없다.
낚시 배가 지나가자 급히 물속으로 들어가지만 배
에 타고 있던 여자아이가 이를 목격한다.

키아라 아빠? 저건 뭐죠?!

바닷속: 아이들은 밑에 가라앉아 있는 배 뒤에 숨
는다.

루카 우리 어떻게 들어가지?

실외. 한적한 바닷가
뒤집힌 배가 물 밖으로 걸어 나오는데 그 밑에 있
던 바다 괴물의 발이 재빨리 인간의 발로 변한다.
드디어 아이들이 육지에 도착한 것이다. 자신감이
넘치는 알베르토는 루카를 마을로 데려간다.

알베르토 이건 식은 죽 먹기야. 물에 젖지만 않으
면 돼.

어부 두 명이 그들을 향해 다가오는데 인간을 처
음 본 루카는 겁에 질려 어쩔 줄 모른다.

---

maximum 최대한의

plunge 떨어지다

kinetic 역동적인

sequence 연속적인 동작

leap 뛰다

skim 스치듯 지나가다

harbor 부둣가, 항구

buoy 부표

sunken 가라앉은

overturned 뒤집힌

confidence 자신감

a breeze 쉬운 일, 식은 죽 먹기

panic 두려움

overtake 압도하다

stroll 천천히 걸어가다

LUCA   Actually, this town seems a little crowded.

루카 정말. 이 마을에 사람들이 꽤 많은 것 같네.

Luca tries to turn around and leave. Alberto grabs him–

루카가 뒤를 돌아 도망가려는데 알베르토가 그를 붙잡는다.

ALBERTO Hey. Silenzio, Bruno.

알베르토 야. 조용해, 브루노.

And drags Luca past the fishermen.

그리고 루카를 끌고 어부들을 지나간다.

ALBERTO (**inflected** like "Good day to you!," **flourishing with one hand**) What's wrong with you, stupido?

알베르토 ("안녕하세요!"를 의도한 것처럼 한 손으로 과장된 동작을 하며) 이게 무슨 짓이야. 멍청아?

The fishermen stop but are too puzzled to **confront** them.

가던 길을 멈추는 어부들. 너무 황당해서 아이들에게 뭐라고 하지도 못한다.

LUCA   Huh! It worked.

루카 헤! 효과 있네.

ALBERTO See? You just gotta follow my lead.

알베르토 봤지? 그냥 나만 따라오면 된다니까.

The kids round the corner into the **piazza**– And we stay with LUCA as his WONDER takes over. He is awestruck by the sights and sounds of Portorosso: A group of kids playing soccer in the PIAZZA; **Barflies** sharing gossip and enjoying caffè; Young girls eating watermelon from a balcony; Two guys playing cards;

아이들이 모퉁이를 돌아 광장으로 들어서는데– 루카가 감탄하며 멍하게 서 있다. 포르토로소의 풍경과 소리에 완전히 매료된 것이다. 아이들은 광장에서 축구를 하고, 바에서 사람들이 잡담하며 커피를 즐기고, 소녀들이 발코니에서 수박을 먹고, 남자 둘이서 카드를 하고 있다.

CARD PLAYER SCOPA!

카드하는 남자 싹쓸이야!

It's all very ITALIAN, and very every day. But the **mundane** is, to Luca, **enthralling**.

전형적인 이탈리아의 일상이다. 하지만 이런 일상도 루카에게는 흥미롭다.

ALBERTO **Classic human town.**❶ Pretty cool, right?

알베르토 평범한 인간 마을이네. 정말 멋지다. 그렇지?

Luca spots a couple of OLD LADIES (the ARAGOSTA SISTERS, Pinuccia and Concetta) eating two beautiful GELATO CONES.

루카는 젤라또를 맛있게 먹고 있는 할머니 두 명 (아라고스타 자매들, 피누치아와 콘체타)을 바라본다.

ALBERTO (to Luca, encouragingly) Hey, you do it now. Just say the thing.

알베르토 (루카에게 용기를 주며) 야, 이제 네가 해 봐. 그 말만 해.

---

inflect 의도하다

flourish 과장된 동작을 하다

confront 맞서다

piazza 광장

barfly 술집 단골

Scopa 이탈리아 카드 게임 (테이블의 카드를 다 가져오며 외치는 말)

mundane 전형적인, 재미없는

enthralling 흥미로운

❶ **Classic human town.**
평범한 인간 마을이네.
Classic human town은 '고전적인 인간 마을'이 아니라 '평범한 인간 마을'이라는 뜻이에요. classic은 '전형적인', '평범한'이란 뜻으로 자주 쓰는 단어예요. 참고로 우리가 자주 쓰는 classic music이 콩글리시라는 것 알고 계셨나요? '클래식 음악'은 classical music이라고 해야 해요.

LUCA   (trying his best) Madams, what's wrong with you, stupido?

Beat. The Aragosta Sisters **pummel** the boys with umbrella and **purse**.
CUT TO: Luca and Alberto keep walking, **stiffly**, with **gelato** cones on their heads.

LUCA   Maybe I... said it wrong?

Alberto takes off gelato cones and they enjoy them.

LUCA   Wow. Mmm!

But now Luca begins taking in the ominous **FRESCOES** and **STATUES** around them, all **featuring** the same **mustachioed** man (SIGNOR GIORGIO GIORGIONI) **SLAYING VARIOUS** SEA MONSTERS– Oh no. This town hates sea monsters.

LUCA   Alberto, this is too dangerous! Let's get out of here!

Luca grabs Alberto's arm and starts **dragging** him **away**.

ALBERTO   (protesting) And go where!?

루카   (최선을 다해서) 부인, 이게 무슨 짓이야, 멍청아?

정적. 아라고스타 자매가 우산과 작은 가방으로 아이들을 때린다.
장면 전환: 루카와 알베르토는 머리에 젤라또 콘을 붙이고 뻣뻣하게 걸어간다.

루카   어쩌면… 내가 잘못 말한 게 아닐까?

알베르토가 젤라또 콘을 떼고 그들은 그것을 맛있게 먹는다.

루카   와. 음!

그런데 이제서야 기분 나쁜 벽화와 석상이 루카의 눈에 들어온다. 수염을 기른 남자(조르지오 조르지오니)가 다양한 모습의 바다 괴물을 죽이는 작품들이다. 이럴 수가. 이 마을은 바다 괴물을 혐오하는 곳이다.

루카   알베르토, 여긴 너무 위험해! 빨리 나가자!

루카가 알베르토의 팔을 잡고 그를 끌고 가려 한다.

알베르토   (가지 않으려고 하며) 어디로 가려고!?

---

pummel 때리다

purse 지갑

stiffly 뻣뻣하게

gelato 젤라또 (이탈리아 저유지방 아이스크림)

fresco 벽화

statue 석상

feature 등장시키다

mustachioed 수염을 기른

slay 죽이다

various 다양한

drag ~ away ~을 끌고 가다

protest 저항하다

Uncomfortable Encounter With Ercole
에콜레와의 불편한 만남

🎧 11.mp3

BUT BEFORE LUCA CAN GET THEM OUT OF THERE: They hear the **unmistakable** sound of an ONCOMING VESPA. (Driven by ERCOLE, 16, lots of product in his hair.)

루카가 그를 끌고 도망가려는데 그들에게 다가오는 베스파의 소리가 선명하게 들린다. (16살의 에콜레가 운전하고 있는데 헤어 제품으로 머리에 잔뜩 힘을 주었다.)

ALBERTO   It's Signor Vespa!

알베르토   베스파 씨야!

바로 이장면!*

MAGGIORE   (rolling eyes) Mannaggia. **Here we go.**❶

경사   (어쩔 수 없다는 듯 눈을 돌리며) 이런. 또 시작이군.

ERCOLE   Buongiorno a tutti!!

에콜레   다들 안녕!!

Ercole is a massive **narcissist**. He believes everyone in town is overjoyed to see him, which, the adults at least are not.

에콜레는 자기애가 매우 강하다. 마을에 있는 모든 사람이 그를 만나면 기뻐한다고 믿고 있는데 사실 어른들은 그렇지 않다.

PRIEST   (begging Ercole to stop) Oh, mamma mia! Please, no more **revving.**

신부   (에콜레에게 제발 그만하라는 듯) 오, 주님! 제발, 세게 밟지 말라고.

OLD WOMAN ON BALCONY   (furious) CHE PUZZA, ERCOLE!

발코니의 할머니   (격분하며) 냄새나! 에콜레!

ERCOLE   CIAO, CIAO!! Beep beep!! Pride of Portorosso, coming through!! (**flirty**, to the Aragosta Sisters) Ciao, **belle!**

에콜레   안녕. 안녕!! 빵빵!! 포르토로소의 자랑, 지나갑니다!! (아라고스타 자매들에게 추파를 던지며) 안녕, 예쁜이!

He is **attended** by CICCIO and GUIDO, his faithful **goon**-like friends, who jog behind him with a large sub sandwich.

에콜레의 충실한 깡패 친구인 치초와 귀도가 큰 샌드위치를 들고 그의 뒤를 열심히 쫓아 오고 있다.

ARAGOSTA SISTERS   Hmm, blech!

아라고스타 자매   흠. 우웩!

ERCOLE   You're making me **blush!**

에콜레   당신 때문에 제 얼굴이 화끈 달아오르네요!

---

unmistakable 분명한
narcissist 자기애가 강한 사람
rev 엔진의 회전 속도를 올리다
flirty 추근대는
belle (이태리어) 아가씨, 예쁜이
attend 수행하다, 수발을 들다
goon 깡패
blush 얼굴이 달아오르다

❶ **Here we go.**
또 시작이군.
이 표현은 크게 두 가지 의미로 쓸 수 있어요. 먼저 이 대사에서처럼 짜증나는 일이 또 반복된다는 푸념으로 쓸 수 있어요. 또한 활기차게 어떤 일을 시작하기 전에 '시작해 볼까?', '자 간다!'처럼 화이팅하는 말로 쓸 수도 있죠. 의미에 따라서 말투도 완전히 달라진답니다.

The kids are afraid of him but in most cases trying not to show it, **lest** he start bullying them. Ercole comes to an acrobatic stop, revs a few more **deafening** times, **dismounts** and **saunters** to a caffe table, where Ciccio and Guido are hastily setting up his lunch.

ERCOLE And now! Who wants to watch me eat a big sandwich? Hmm?

Luca and Alberto gaze at the Vespa, **RAPT**.

ALBERTO There it is! That's how we're gonna see the world.

아이들은 그를 두려워하지만 그에게 괴롭힘당할까 봐 내색하지 않는다. 에콜레가 곡예하듯 베스파를 멈추고 귀가 먹을 정도로 크게 공회전하더니 안장에서 내려와 카페 테이블 쪽으로 한가로이 걸어간다. 치초와 귀도가 급하게 에콜레의 점심 식사를 세팅한다.

에콜레 자 이제! 내가 이 큰 샌드위치 먹는 걸 볼 사람? 흠?

베스파를 바라보는 루카와 알베르토, 완전 넋이 나갔다.

알베르토 저기에 있어! 저걸로 세상 구경하는 거야.

Luca walks toward it, in a trance— A soccer ball rolls in front of him.

SOCCER KID Hey! Little help?

Luca winds up and KICKS it. Unfortunately, it is pretty off target. It **bounces off** a few things and hits the Vespa–

WOMAN ON BALCONY E bàsta!!

The Vespa begins to **TEETER**–

ERCOLE (panicking) AAAH! LA MIA BAMBINA!

At the last moment, Ciccio DIVES underneath it, cushioning the fall with his body. Ercole runs over, full of concern.

ERCOLE Oh, mamma mia! Talk to Ercole, are you hurt?!

CICCIO Well, my head kinda hurts…

ERCOLE Not you, Ciccio! **Out of the way!**[1]

루카, 홀린듯 그쪽으로 걸어가는데— 축구공이 앞에 굴러온다.

축구하는 아이 형! 공 좀 차 줄래?

루카가 힘껏 공을 찬다. 하지만 목표 지점을 완전히 벗어난다. 공이 몇 군데 튕기더니 결국 베스파를 치고 마는데–

발코니의 여자 그만하라고!!

베스파가 넘어지려고 한다–

에콜레 (화들짝 놀라) 아아아! 우리 애기!

마지막 순간, 치초가 밑으로 몸을 날려 쓰러지는 베스파를 쿠션처럼 받아낸다. 에콜레, 걱정하며 달려간다.

에콜레 오, 세상에! 에콜레에게 말해 봐, 어디 다친 데 없어?!

치초 어, 머리가 좀 아픈 것 같은데…

에콜레 너 말고, 치초! 비켜!

---

lest ~하지 않도록

deafen 귀를 먹게 하다

dismount (좌석에서) 내리다

saunter 어슬렁거리며 걸어가다

rapt 넋이 나간

bounce off 튀다

E bàsta! (이태리어) 그만해. (= Stop it!)

teeter 쓰러지다, 흔들거리다

❶ Out of the way!
비켜!
사람들을 뚫고 급하게 지나가야 할 때 쓰는 말이에요. Make way! 혹은 Coming through! 역시 다급하게 지나갈 때 쓸 수 있는 표현인데 이런 표현보다는 좀 더 정중한 표현인 Excuse me.를 쓰는 게 좋아요.

Oh. The "Are you hurt?" was meant for the Vespa, not for his friend Ciccio, who has definitely **sustained** some minor injuries protecting it.

오, "어디 다친 데 없어?"는 스쿠터를 보호하기 위해 작은 상처를 입은 치초가 아니라 베스파에게 물어보는 말이었다.

ERCOLE (looks over Vespa) Oh, **piccolina**, if there is so much as a **scratch**...

에콜레 (베스파를 바라보며) 오, 우리 애기, 조금이라도 긁힌 곳이 있기만 해 봐…

Fortunately, the Vespa is completely **unharmed**.

다행히 베스파는 무사하다.

ERCOLE Someone got lucky today. Hmm? WHO GOT LUCKY?!

에콜레 오늘 누가 운이 좋은가 보네. 운 좋은 녀석이 누구지?!

The soccer kids point to Alberto and Luca. Ercole **sizes** them **up**.

축구하는 아이들이 알베르토와 루카를 가리킨다. 에콜레가 그들을 살펴본다.

ERCOLE Mm-hmm. Out-of-towners, eh? Let me welcome you. **Benvenuti** a Portorosso. ...Ciccio.

에콜레 음흠. 외지인이군. 어? 잘 왔어. 포르토로소에 온 걸 환영해. …치초.

He removes his SWEATER, places it without looking into the waiting arms of Ciccio, and saunters up to his latest **victims**.

스웨터를 벗는 에콜레. 대기하고 있던 치초의 팔 위에 눈길도 주지 않고 올려 둔다. 그리고 이제 그의 희생양이 될 아이들에게 다가간다.

ERCOLE **I am delighted to meet you,** ❶ number one and number two. I love your stylish clothes. Where did you get them? A **dead body**? Ha ha ha ha! I'm kidding!

에콜레 만나서 반가워. 그리고, 옷 스타일이 마음에 드는군. 어디서 샀니? 시체에서 벗겨 왔다고? 하하하하! 농담이야!

CICCIO (laughs) "Dead body."

치초 (웃으며) "시체"래.

Alberto is not sure what to make of this guy.

알베르토는 그가 어떤 사람인지 정확하게 파악되지 않는다.

ALBERTO Uh... look, Signor Vespa, I–

알베르토 어, 저기, 베스파 씨, 제가–

ERCOLE Signor Vespa? Ha ha. These guys are funny. I am Ercole Visconti, five-time winner of the Portorosso Cup.

에콜레 베스파 씨? 하하. 얘네 웃기네. 난 에콜레 비스콘티야. 포르토로소 컵 5회 우승자라고.

ALBERTO The Portorosso what?

알베르토 포르토로소 뭐요?

---

sustain (부상 등을) 입다

piccolina (이태리어) 꼬마 아이

scratch 긁힘

unharmed 무사한

size up 평가하다. 판단하다

Benvenuti (이태리어) 환영하다 (= Welcome.)

victim 희생자

dead body 시체

❶ **I am delighted to meet you.**
만나서 반가워.
처음 만나는 사람에게 하는 인사말이에요. Nice to meet you.를 쓰는 게 너무 지겨우시다면 가끔 이 표현을 써 보는 것도 좋아요. 실제 이 말할 때는 I'm은 거의 발음하지 않는 게 좋죠.

ERCOLE The Portorosso Cup! Per mille sardine– how do you think I paid for my beautiful Vespa?

에콜레 포르토로소 컵! 세상에– 내가 저 멋진 베스파를 무슨 돈으로 샀겠니?

The gears start going in Luca's head, as he looks at the Vespa– but his **train of thought** is **interrupted** by Ercole.

베스파를 바라보며 무언가를 골몰히 생각하던 루카– 에콜레 때문에 정신을 차린다.

ERCOLE Hey. Stop looking. She's too beautiful for you.

에콜레 이봐. 그만 쳐다봐. 너한테는 너무 과분하니까.

Poor Luca can only **stammer** and **shrink away** from him.

불쌍한 루카. 말을 더듬으며 뒤로 살짝 물러난다.

LUCA Ah... I, I, uhhh...

루카 아… 나, 난, 저기…

ERCOLE (**mocking**) I, I, uhhh... (laughs) I love it. The little guy can't even get a word out. (waving a hand in front of his nose) Ugh, and he smells like behind the **pescheria**.

에콜레 (흉내 내며) 나, 난, 저기… (웃으며) 마음에 들어. 이 꼬맹이는 말도 제대로 못하네. (코앞으로 손을 휘저으며) 으, 그리고 생선 가게 뒷골목 냄새도 나는걸.

This is too much for Alberto.

알베르토는 이 모습을 더는 두고 볼 수 없다.

ALBERTO HEY, MY FRIEND SMELLS AMAZING.

알베르토 이봐. 내 친구는 좋은 냄새가 난다고.

ERCOLE Sorry, sorry, **I'll make it up to him.**❶ Ciccio, Guido.

에콜레 미안. 미안해. 내가 사과하지. 치초, 귀도.

Guido and Ciccio grab Alberto and hold him back while Ercole grabs Luca and marches him to the **FOUNTAIN**—

귀도와 치초가 알베르토를 붙잡고 꼼짝하지 못하게 하는 동안 에콜레가 루카를 붙잡아 분수대로 끌고 가는데–

LUCA What are you doing?!

루카 뭐 하는 거야?!

ALBERTO Luca!

알베르토 루카!

LUCA Alberto!

루카 알베르토!

ERCOLE Ah, just a little **bath**.

에콜레 아. 목욕 좀 시켜 줄게.

LUCA (struggling) NO, NO, NO!

루카 (저항하며) 안 돼 안 돼 안 돼!

---

train of thought 계속된 생각

interrupt 중단시키다

stammer 말을 더듬다

shrink away 물러나다

mock 흉내 내다

pescheria 생선 가게

fountain 분수대

bath 목욕

❶ **I'll make it up to him.**
내가 사과하지.
make it up to ~는 '~를 보상하다'라는 뜻이에요. 회화에서는 I'll make it up to you.라는 문장으로 자주 쓰는데 상대방에게 사과하며 '내가 다음에 잘할게' 혹은 '내가 보상해 줄게'라는 뜻으로 하는 말이에요.

ERCOLE   It's funny. Huh?

Ercole **SHOVES** LUCA'S FACE **TOWARD** THE WATER– **DROPLETS** begin to hit Luca's face– tiny little green **flecks** begin to **appear** on his skin–

LUCA   (**struggling**) NO!

Ercole **clocks** that something a little strange **is going on**– But before he sees it **definitively**–

ERCOLE   Huh?

에콜레   재밌잖아, 허?

에콜레가 루카의 얼굴을 물 안으로 넣으려고 한다– 물방울이 루카의 얼굴에 튀기 시작하고– 작은 녹색 얼룩이 루카의 살결 위에 나타난다–

루카   (저항하며) 안 돼!

에콜레, 뭔가 이상하다는 것을 감지하고– 명확하게 확인하려는 찰나–

에콜레   허?

---

shove 밀어 넣다

toward 쪽으로, ～을 향하여

droplet 물방울

fleck 얼룩

appear 나타나다

struggle 저항하다

clock 주시하다, 알게 되다

be going on (일이) 일어나는, 계속되는

definitively 명확하게

Giulia Rescues the Boys

줄리아, 아이들을 구하다

🎧 12.mp3

GIULIA	(O.S.) Hey! Ercole, basta!

줄리아 (목소리) 이봐! 에콜레, 그만해!

A girl on a BIKE **attached** to a CART FULL OF FISH rides to the rescue. This is GIULIA, 13, **brainy**, **competitive**, **intense**, and a bit **awkward**. She is 100% **incapable** of being anyone other than herself. She comes **BARRELING through**, Ercole jumps out of her way.

생선이 가득한 수레가 달린 자전거를 타고 한 소녀가 루카를 구하러 온다. 13살의 줄리아이다. 그녀는 똑똑하고, 경쟁심이 있고, 매사에 열정적이지만 서투른 구석도 있다. 자신만의 세계가 뚜렷하고 자신감이 있다. 그녀가 쏜살같이 지나가자 에콜레가 얼른 비켜난다.

ERCOLE	(unexcited, cutting) **Oh, look who's here.**❶ Spewlia. Wow. That's how you're training for the race?

에콜레 (태연히 정곡을 찌르는 말투로) 오, 이게 누구신가. '줄리웩'이네. 와. 훈련을 그렇게 하니?

GIULIA	Si certo! Your **reign** of terror is coming to an end.

줄리아 그래! 너의 공포의 시대는 끝날 거야.

ERCOLE	(overlapping, has heard this before) "...coming to an end." You mean, like a year ago? When you quit in the middle of the race? Because you couldn't stop throwing up?

에콜레 (줄리아와 똑같이 말하며, 이전에도 이 말을 들어본 듯하다) "…끝날 거야." 일 년 전에도 그러지 않았나? 네가 경기 도중에 기권했지? 계속 토해서 말이지?

GIULIA	I didn't quit. They MADE me stop.

줄리아 난 기권하지 않았어. 기권을 강요당한 거지.

ERCOLE	I think that is worse. Now go away. I'm having fun with my new friends.

에콜레 그게 더 나쁜 거 아닌가? 이제 그만 가봐. 난 새 친구들과 재미 좀 볼 테니까.

GIULIA	They're coming with me. (to the boys) Hop on. I could use the extra weight.

줄리아 얘들은 나랑 같이 갈 거야. (소년들에게) 타. 중량을 올리는 것도 괜찮지.

The boys, relieved, hop on the back of her cart.

아이들은 안도하며 수레 뒤에 올라탄다.

---

attached 붙어 있는

brainy 똑똑한

competitive 경쟁심이 있는

intense 열정적인

awkward 서투른

incapable ~를 하지 못하는

barrel through 쏜살같이 지나가다

reign 시대

❶ **Oh, look who's here.**
오, 이게 누구신가.
누군가를 우연히 만나서 '이게 누구신가'라는 의미로 건네는 인사말이에요. 반가운 마음으로 이 말을 할 수도 있겠지만 이 대사처럼 비꼬거나 위협적인 말투로도 할 수 있어요. Look who it is. 역시 같은 의미로 쓰는 말이에요.

ERCOLE   Fine! Go start a club! For losers!

As he is **giggling** at his own **brilliant** joke, a fisherman runs up to the MAGGIORE (a policewoman)–

GIACOMO   Maggiore! Another **sighting**–in the harbor this time.

MAGGIORE   (holding a poster) I know. We're setting up a **reward**. Someone's gonna win a nice prize...

ERCOLE   Me! Me! I win the prizes!! Ciccio, get your daddy's harpoon. We're gonna catch a sea monster!!

Across the piazza, the boys, hearing this, give each other looks of **alarm**. Meanwhile Giulia, stung by Ercole's parting shot, pedals them around the corner–

GIULIA   (ranting) Sto IMBECILLE! Thinks he can be a **jerk** cuz he keeps winning the race which he shouldn't even get to do anymore cuz he's too old and too much of a JERK! (laughs sheepishly) You know, we **underdogs** have to look out for each other, right?

에콜레 좋아! 끼리끼리 놀아! 루저들아!

에콜레가 자신이 한 농담에 낄낄거리는 사이 한 어부가 경사에게 달려온다.

자코모 경사님! 또 목격했대요. 이번에는 부둣가예요.

경사 (포스터를 들고) 알아요. 포상금을 걸고 있어요. 누군가가 큰 포상금을 받을 수도 있겠죠…

에콜레 저요! 제! 제가 포상금을 탈 거예요!! 치초, 네 아빠 작살 가지고 와. 이제 바다 괴물을 잡으러 간다!!

광장 너머에서 이 말을 들은 아이들은 놀란 표정으로 서로를 바라본다. 에콜레가 지나가며 한 말에 기분이 나쁜 줄리아는 자전거 페달을 밟으며 모퉁이를 돈다–

줄리아 (불평하며) 멍청하긴! 경기에서 계속 우승하니까 머저리 짓을 해도 된다고 생각하는 거야? 나이도 많은 또라이가 계속 경기에 나오면 안 되지! (쑥스럽게 웃으며) 뭐, 우리 '언더독'끼리는 서로 지켜 줘야지, 그렇지?

The boys are completely **baffled** by her.

ALBERTO   What's under the... dogs?

GIULIA   UNDER-dogs. You know. Kids who are different... dressed **weird**... (defiantly exposing sweaty armpits) Or a little sweatier than average.

Beat. Giulia knows she can be a little much for people sometimes.

아이들은 줄리아의 말에 매우 당황한다.

알베르토 언더 더… 독이 뭐야?

줄리아 '언더독'이야. 왜 있잖아. 좀 다른 애들… 옷 입는 것도 이상하고… (땀에 흠뻑 젖은 겨드랑이를 과감하게 보여 주며) 아니면 다른 애들보다 땀을 더 많이 흘리는 애들 말이야.

정적. 줄리아 자신도 사람들에게 약간 오버한다는 것을 알고 있다.

---

giggle 낄낄거리며 웃다	underdog (힘없는) 약자, 약체
brilliant 훌륭한	baffle 당황시키다
sighting 목격	weird 이상한
reward 포상금	defiantly 도전적으로
alarm 놀람	expose 노출하다
rant 불평하다	sweaty 땀 나는
Sto Imbecille! (이태리어) 멍청하긴!! (= This idiot!)	armpit 겨드랑이
jerk 머저리	

LUCA	Uh…	루카 어…

GIULIA Too much? Too much. So are you in town for the race? (beat) The Portorosso Cup?

줄리아 오버했나? 내가 오버했군. 너희들도 경기 때문에 이 마을에 온 거야? (정적) 포르토로소 컵 때문에?

The boys remain **absolutely** silent and **perplexed**.

아이들은 완전히 침묵하며 당혹스러워한다.

GIULIA **Well, good talk.**[1] But I gotta deliver these. Always be training, you know?

줄리아 음, 대화 즐거웠어. 난 이제 이걸 배달해야 해. 항상 훈련하는 셈이지, 알지?

And she pedals away, hitting a radio. But Luca has realized something.

그녀는 라디오를 켜고 페달을 밟는다. 이때 루카에게 어떤 생각이 떠오른다.

LUCA We should ask her about this Portorosso Cup race. That's how the loud scary human said he got his Vespa.

루카 쟤한테 포르토로소 컵 경기에 대해 물어보는 게 좋겠어. 목소리 큰 무서운 인간이 그렇게 해서 베스파를 손에 넣었다고 했잖아.

GIULIA (knocks on the door) Buongiorno, Signora Marsigliese. **Due sogliole**, perfetto, ciao!

줄리아 (문을 두드리며) 안녕하세요, 마르실리에제 부인. 가자미 두 마리요. 완벽해요. 안녕히 계세요!

SIGNORA MARSIGLIESE Giulia! Buongior… Oh. Uh… **Grazie.**

마르실리에제 부인 줄리아! 좋은 아침– 오, 어… 고마워.

As she **sets off** to the next door, Luca and Alberto walk **alongside** her—

그녀가 옆집으로 가려는데 루카와 알베르토가 그녀 옆에 온다—

ALBERTO Hey, uh, Spewlia–

알베르토 이봐, 어, 줄리웩–

GIULIA GIULIA. My name is Giulia.

줄리아 줄리아. 내 이름은 줄리아라고.

ALBERTO Okay. When you race… in a cup… what do you get?

알베르토 알았어. 그 컵 안에서… 경기를 하면… 뭘 받는 거니?

GIULIA **Soldi**. Prize money.

줄리아 돈. 상금.

ALBERTO Oh.

알베르토 오.

GIULIA O...kay.

줄리아 가…갈게.

---

absolutely 완전히

perplexed 당혹스러운

Due sogliole (이태리어) 가자미 두 마리

Grazie! (이태리어) 고마워! (= Thank you!)

set off 출발하다

alongside 옆에, 나란히

Soldi (이태리어) 돈 (= money)

❶ Well, good talk.
음, 대화 즐거웠어.
단어 그대로 해석하면 '좋은 대화'가 되죠.
이 표현은 처음 만난 사람과 헤어질 때 '좋은 대화를 나눴어'라는 의미로 하는 인사말이에요.
헤어질 때 하는 인사말로는 Nice meeting you.을 많이 쓰는데 둘 다 '반가웠어'라고 해석할 수 있어요.

Giulia pedals away, but Luca knows there's more to learn—

LUCA	(whispering) No no! **Keep going!** ❶
ALBERTO	(whispering) What? Why?
LUCA	Ask her about the prize money!
ALBERTO	But that stuff is **useless**!
LUCA	Maybe that becomes a Vespa!
ALBERTO	How does that become…
LUCA	Just ask her!
ALBERTO	Fine, fine, fine.
ALBERTO	Hello, again.
GIULIA	(**wary**) Ciao.
ALBERTO	**Can we turn the money into something else?** ❷ Something like—

As the three of them turn the corner, they see a **MECHANIC**'S GARAGE with a beautiful Vespa in front.

LUCA	(pointing to the Vespa) THAT!
GIULIA	Pfft. No. (afterthought) But it could get you that.

She redirects the boys' **gaze** to an **EXTREMELY RUSTY** AND **DECREPIT** USED VESPA next to the new one. It is the WORST VESPA YOU HAVE EVER SEEN IN YOUR LIFE. But…
DISSOLVE TO LUCA'S IMAGINATION: He and Alberto are **triumphantly** riding it through a sea of golden coins.

줄리아가 자전거를 타고 가는데, 루카는 더 알고 싶은 것이 있다 —

루카 (속삭이며) 안 돼! 계속해!

알베르토 (속삭이며) 뭘? 왜!

루카 상금에 대해서 물어보라고!

알베르토 하지만 그건 쓸모가 없어!

루카 그게 베스파가 될 수도 있잖아!

알베르토 그게 어떻게…

루카 그냥 물어봐!

알베르토 알았어, 알았다고!

알베르토 안녕, 또 보네.

줄리아 (경계하며) 안녕.

알베르토 그 돈을 뭔가로 바꿀 수도 있어? 이를 테면—

아이들이 모퉁이를 돌자 차량 정비소가 보이는데 멋진 베스파가 그 앞에 세워져 있다.

루카 (베스파를 가리키며) 저거!

줄리아 퓨. 아니. (말을 덧붙이며) 하지만 저건 살 수 있겠지.

그녀는 신상 베스파 옆에 있는 아주 녹슬고 노후한 중고 베스파를 가리킨다. 그렇게 최악인 상태의 베스파는 이 세상에 없을 것이다. 하지만…
루카의 상상으로 장면 전환: 루카와 알베르토가 그 베스타를 타고 의기양양하게 황금 동전 바다를 가르며 질주하고 있다.

---

useless 쓸모없는
wary 경계하는
mechanic 정비공
gaze 시선
extremely 매우
rusty 녹이 슨
decrepit 노후한
triumphantly 의기양양하게

❶ Keep going! 계속해!
'계속 가'라는 의미 외에 어떤 행동을 계속하라고 할 때도 쓸 수 있어요.

❷ Can we turn the money into something else?
그 돈을 뭔가로 바꿀 수도 있어?
이 대사의 turn은 '교환하다', '바꾸다'라는 의미예요. turn A into B는 'A를 B로 바꾸다'라는 뜻으로 A는 바꾸기 전의 물건을, B는 바꾸고 난 뒤의 물건을 쓰입니다.

Disney · PIXAR
LUCA

Team Underdogs
언더독 팀

🎧 13.mp3

BACK TO REALITY: The boys have a muttery sidebar, gazing at the Vespa.

다시 현실로 돌아와서: 아이들은 베스파를 바라보며 옆에서 뭐라고 중얼거린다.

LUCA   It's so beautiful.

루카   정말 멋지다.

ALBERTO   Yes. We need it. (to Giulia) Great! So we'll just win the race.

알베르토   그래. 저건 있어야 해. (줄리아에게) 좋아! 그럼 우리가 경기에서 이겨야겠네.

His **cockiness rubs** Giulia **the wrong way**.

알베르토의 거만한 태도가 줄리아의 기분을 상하게 한다.

GIULIA   You'll have to **beat** Ercole.

줄리아   그럼 에콜레를 이겨야 해.

ALBERTO   Okay, so we'll beat Ercole.

알베르토   좋아. 우리는 에콜레를 이길 거야.

바로 이장면!

GIULIA   Huh. Really? Thinks he'll beat Ercole, this guy. First of all, GET IN LINE! Every summer that jerk makes my life miserable. So, no one's **taking** him **down** unless it's ME!

줄리아   허. 정말? 에콜레를 이기겠다니. 먼저, 줄 부터 서라고! 여름만 되면 그 또라이 때문에 내가 얼마나 비참했는데. 그 녀석을 이길 사람은 바로 나뿐이야!

Even Alberto is cowed by this.

이 말에 알베르토도 주눅이 든다.

GIULIA   Second, this isn't any old race. It's an **epic**, **grueling** traditional Italian **triathlon**: swimming, cycling, and eating pasta. So, you'd need a teammate.

줄리아   그리고, 이건 그냥 평범한 경기가 아니야. 장엄하고, 대단히 힘든 이탈리아 전통의 철인 3종 경기라고: 수영, 사이클, 파스타 먹기를 해야 하지. 그래서, 팀원이 필요해.

ALBERTO   **Well, we'll figure it out.** ❶ Thanks, human girl.

알베르토   뭐. 그건 우리가 알아서 할게. 고마워, 인간 소녀.

Giulia heads off once again, and Alberto heads in the other direction. But Luca senses an **opportunity**.

줄리아는 다시 갈 길을 가고 알베르토는 반대 방향으로 움직인다. 하지만 루카는 이것이 좋은 기회가 될 수 있다고 생각한다.

---

cockiness 자만함

rub the wrong way 기분을 상하게 하다

beat 이기다

take down 제압하다, 이기다

epic 멋진, 장엄한

grueling 힘든

triathlon 철인 3종 경기

opportunity 기회

❶ **Well, we'll figure it out.**
뭐, 그건 우리가 알아서 할게.
원래 figure out은 '이해하다', '계산하다'라는 뜻이에요. 회화에서는 We'll figure it out. 혹은 I'll figure it out.과 같은 형태로 자주 쓰는데 본인이 직접 알아보거나 일을 알아서 처리하겠다는 의미랍니다.

LUCA	Hey, hey, wait. Wait, Alberto. What if we join her team?	**루카**	저, 저기, 기다려, 알베르토, 우리가 쟤 팀에 들어가면 어떨까?

Alberto **frowns**. But then something **occurs** to him.

인상을 찌푸리는 알베르토. 이내 그에게 다른 생각이 떠오른다.

ALBERTO Hmm. Better idea.

알베르토 흠. 더 좋은 생각이 있어.

He yells to Giulia, who's pedaling away.

그가 자전거를 타고 가는 줄리아를 불러 세운다.

ALBERTO Hey! Spew– (remembers that's not her name, but can't remember her name) Girl!

알베르토 이봐! 줄리웹– (이게 그녀의 이름이 아니라는 것을 알지만, 그녀의 이름이 기억나지 않는다) 소녀야!

GIULIA (exasperated) Santa Mozzarella.

줄리아 (격분하며) 짜증나네.

ALBERTO Congratulations! You're joining our team!

알베르토 축하해! 넌 이제 우리 팀원이 된 거야!

GIULIA Huh! I race alone.

줄리아 허! 난 혼자 해.

As she says this, her cart gets **stuck**– the boys help get the wheel free.

이 말을 하는데 수레바퀴가 바닥에 끼어서 꼼짝 않고– 소년들은 바퀴를 빼내는 것을 도와준다.

LUCA But we could be… under the dogs, too.

루카 하지만 우리도… 언더독을 할 수 있는데.

ALBERTO Hey, it's okay, Luca. She'd rather do the whole race alone again. Maybe this time she won't **throw up** as much!

알베르토 이봐, 됐어, 루카. 혼자서 경기를 다 하겠다잖아. 이번에는 많이 토하지 않겠지!

GIULIA (frowns) Uh, hang on. (beat) You wanna be on my team, eh? …Let's see what you got.

줄리아 (인상 쓰며) 어, 잠깐. (정적) 내 팀에 들어오겠다고, 어? …어디 실력 좀 보자.

EXT. PIAZZA – DAY
Luca sits on GIULIA'S BIKE, now **disconnected** from the cart. Luca tries to pedal it. Unfortunately, he has never ridden a bike in his life before this moment. HE **CRASHES**. Alberto tries to give some **pointers** about a thing he also has never ever done even once.

실외. 광장 – 낮
루카가 수레를 떼어낸 줄리아의 자전거에 앉아 있다. 루카가 페달을 밟으려고 한다. 안타깝게도 그는 단 한 번도 자전거를 타 본 적이 없어서 크게 넘어진다. 알베르토가 루카에게 훈수를 두려고 하지만 본인도 한 번도 해 본 적이 없는 일이다.

---

frown 인상을 찌푸리다

occur (생각이) 떠오르다

exasperated 격분하는

Santa Mozzarella (이태리어) 맙소사 (이 마을의 감탄사)

stuck 끼인, 갇힌

throw up 토하다, 게우다

disconnect 분리하다

crash 충돌하다

pointer 훈수

ALBERTO All right. Try jumping onto it!

Luca tries this, and crashes again.

ALBERTO No no no. You gotta show it you're the boss.

Another crash.

GIULIA (sighs) Santa Mozzarella. (to Luca) Eyes up! Looking down is what's making you fall.

Luca tries this advice–almost crashes again– But this time, manages to stay **upright**. He rolls around the piazza, wobbly but **exhilarated**.

LUCA WHOA. I'm doing it!

ALBERTO So can we be on the team?

Not so fast. Giulia needs to see more.

GIULIA **Aspetta**! Can you **dodge obstacles**? What if an old lady crosses your path? Hmmm?

She pretends to be an old lady, **tottering** in his way— Luca **barely** manages to dodge her.

GIULIA Can you withstand **PASSIVE-AGGRESSIVE VERBAL ASSAULTS**?! (imitating Ercole) Nice bike, number one and number two, I was kidding, your bike is a disgrace! HA HA HA HA HA.

She swiftly leans some **planks** on some **barrels** to create a difficult TIGHT **ROPEY** SITUATION for Luca to **negotiate**—

GIULIA Finally, can you handle the course's **fiendishly** difficult **terrain**?!

알베르토 괜찮아. 뛰어올라가 봐!

그렇게 하지만, 루카는 또 넘어진다.

알베르토 아니, 아니 아니야. 누가 주인인지 보여주라고.

또다시 쓰러진다.

줄리아 (한숨 쉬며) 세상에나. (루카에게) 위를 봐! 아래를 보니까 자꾸 넘어지지.

루카가 이 조언대로 해 보는데 거의 넘어질 것 같다가 – 이번에는 똑바로 일어난다. 그가 광장 주위를 도는데 기우뚱 불안하지만 기분은 매우 좋다.

루카 와. 내가 자전거를 타고 있어!

알베르토 이제 팀에 들어갈 수 있는 거니?

그렇게 빨리는 될 수 없다. 줄리아는 확인하고 싶은 게 더 있다.

줄리아 기다려! 너 장애물을 피할 수 있어? 할머니가 네 앞을 지나가면? 응?

그녀는 할머니처럼 흉내 내며 루카 앞을 비틀거리며 지나가는데— 루카가 간신히 그녀를 피한다.

줄리아 은근히 짜증나는 인신공격도 참을 수 있겠어? (에콜레 성대모사를 하며) 자전거 좋네. 그런데. 농담이야. 네 자전거는 정말 창피할 정도야! 하하하하하.

줄리아가 재빨리 나무판자 몇 개를 대형 드럼통 위에 올리고 루카가 간신히 지나갈 수 있을 정도로 좁은 길 상황을 만든다—

줄리아 끝으로, 사악할 만큼 험난한 지형도 통과할 수 있겠어?!

---

upright 똑바른, 꼿꼿한

exhilarated 기쁜

Aspetta (이태리어) 기다려 (= Wait up)

dodge 피하다

obstacle 장애물

totter 비틀거리며 걷다

barely 거의 ~할 수 없는

passive-aggressive 은근히 짜증나는

verbal 말

assault 공격

plank 나무판자

barrel 대형 드럼통

ropey 상태가 안 좋은

negotiate 넘다, 지나다

fiendishly 사악하게

terrain 지형

Luca **grimaces**, but **rallies himself**–

LUCA	(to himself) Silenzio, Bruno.

He **WOBBLES** his way up and starts across the plank— But then he **sneaks a look down**. It's his **undoing**. He CRASHES.

GIULIA	Hmm.

Luca struggles **valiantly** to his feet. He's gonna try it again. She stops him.

GIULIA	(to Alberto) Stop. What about you? Can you swim, at least?
ALBERTO	Yeah. I'm amazing… (Luca **elbows** him) …LY baaad at swimming.
GIULIA	You can't swim, you can barely ride a bike… **siete un disastro**! I mean, where are you even from?
ALBERTO	We're not telling you our secrets! (immediately) We're **runaways**.
GIULIA	Runaways? I dunno, **ragazzi**…
LUCA	Please!

Luca, still **tongue-tied** from **nervousness**, **powers through** it:

LUCA	My family was gonna send me somewhere horrible. Away from everything I love. But if we win this race, well… we can be free.

Beat. Giulia is **moved**. She turns to Alberto.

ALBERTO	My life's great. I'm just helping him out.

루카가 얼굴을 찡그리지만, 정신을 집중시킨다–

루카 (혼잣말로) 조용해, 브루노.

루카, 비틀거리며 나아가는데 이내 판자를 건너기 시작한다— 하지만 슬쩍 아래를 내려다보는데, 이게 실패의 원인이 된다. 그가 넘어진다.

줄리아 흠.

루카가 용감하게 억지로 일어나 다시 해 보려고 한다. 그녀가 그를 막는다.

줄리아 (알베르토에게) 잠깐. 넌 어때? 수영은 할 수 있겠어?

알베르토 그래. 난 엄청… (루카가 팔꿈치로 그를 친다) …나게 못하지.

줄리아 수영도 못해, 자전거도 잘 못 타… 완전 엉망이네! 내 말은, 너희 대체 어디에서 왔니?

알베르토 우리 비밀을 알려 줄 수 없지! (즉시) 우리 도망 나왔어.

줄리아 도망? 그건 좀 그런데, 얘들아…

루카 제발!

아직도 긴장되어 말이 잘 안 나오지만 루카는 용기를 낸다.

루카 우리 부모님이 날 끔찍한 곳으로 보내려고 했어. 내가 사랑하는 모든 것과 작별해야 하지. 하지만 우리가 대회에서 우승한다면, 그럼… 우리는 자유로워지는 거야.

정적. 줄리아의 마음이 움직인다. 그녀가 알베르토를 본다.

알베르토 난 괜찮아. 그냥 얘를 돕는 거야.

---

grimace 얼굴을 찡그리다

rally oneself 정신을 집중하다

wobble 흔들거리다

sneak a look down 슬쩍 아래를 보다

undoing 실패의 원인

valiantly 용감하게

elbow 팔꿈치로 치다

Siete un disastro (이태리어) 완전 엉망이네 (= You're a disaster!)

runaway 도망자

ragazzi (이태리어) 아이들, 소년들 (= boys, guys)

tongue-tied 말을 못하는

nervousness 긴장

power through 용기를 내다

moved 감동을 받은

This is less moving to Giulia. She narrows her eyes and **purses her lips**, thinking.

LUCA   Just give me one more chance.

GIULIA   No. **You guys want it just as bad as I do.** ❶ You have the **hunger**. That's the most important thing.

ALBERTO   I'm definitely hungry.

GIULIA   **Perfetto**. You eat, you bike, and I swim. ...Underdogs?

ALBERTO & LUCA   (overjoyed) Underdogs!

A TRIUMPHANT **GATHERING** OF HANDS MOMENT–

GIULIA   Now we just need money for the **entry fee**. (beat) From my dad.

이 말은 줄리아에게 크게 와 닿지 않는다. 그녀는 눈을 가늘게 뜨고 입술을 오므리며 생각한다.

루카 기회를 한 번만 더 줘.

줄리아 아니야. 나만큼 너희들도 간절히 원하는 것 같네. 너희들은 배고픔이 있어. 그게 가장 중요한 거지.

알베르토 나 정말 배가 고파.

줄리아 좋아. 너는 먹고, 너는 자전거, 난 수영을 할게. …언더독?

알베르토와 루카 (매우 기뻐하며) 언더독!

아이들의 손이 의기양양하게 모여 있는 장면–

줄리아 이제 참가비만 있으면 돼. (정적) 우리 아빠에게 받아야 하는데.

---

purse one's lips 입을 오므리다, 모으다
hunger 배고픔
Perfetto (이태리어) 좋아 (= Perfect!)
gather 모으다, 합하다
entry fee 참가비

❶ **You guys want it just as bad as I do.**
나만큼 너희들도 간절히 원하는 것 같네.
want나 need와 같은 소망 동사 뒤에 나오는 bad는 '간절하게'라는 의미예요. 그래서 I want it so bad. 는 '난 그걸 나쁘게 원해요'가 아니라 '난 그걸 정말 원해요'라고 해석해야 해요.

Massimo Is a Sea Monster Slayer
마시모는 바다 괴물 사냥꾼

🎧 14.mp3

INT. MASSIMO'S KITCHEN – DINNER
MASSIMO, Giulia's **enormous**, terrifying, tattooed, one-armed dad SINGS OPERA as he **preps** dinner.

MASSIMO (singing along to aria) BRAVO FIGARO, BRAVO, BRAVISSIMO, BRAVO!

Giulia leads the boys into her dad's **cramped** little working-class home.

GIULIA (whispering) All right. **Just let me do the talking.**[1] And act **casual**. He doesn't do well with fear. (calls out) Hey, Papa! I brought some friends for dinner. Is there enough for four?

Massimo turns and clocks the boys, MASSIVE **CLEAVER** in hand. He looks them up and down, silently.

ALBERTO What's wrong with you, stup–

Luca **jams** his hand in Alberto's mouth before he can finish. Massimo narrows his eyes. But he turns and continues to prep dinner. Giulia gives a **reassuring** signal to the boys.
CUT TO: the boys sitting at the table. Luca is terrified. Alberto clocks the HARPOONS on the wall.

ALBERTO (whispering to Luca) What do you think he kills with those?

MASSIMO (overhearing) Anything that swims.

실내. 마시모의 부엌 – 저녁
줄리아의 아빠인 마시모는 덩치가 크고, 무섭게 생겼으며, 문신이 있고, 외팔이다. 저녁 식사를 준비하며 오페라를 부른다.

마시모 (아리아를 따라 부르며) 브라보 피가로. 브라보, 브라비시모, 브라보!

줄리아가 아이들을 데리고 아빠의 비좁고 누추한 집으로 간다.

줄리아 (속삭이며) 좋아. 말은 내가 할게. 아무렇지 않게 행동해. 무서워하는 걸 좋아하지 않으셔. (아빠를 부르며) 아빠! 저녁을 같이 먹으려고 친구들을 데려왔어요. 네 명 먹기에 충분하겠죠?

마시모가 고개를 돌려 아이들을 바라본다. 손에 거대한 식칼을 들고 있다. 말없이 아이들을 위아래로 훑어본다.

알베르토 이게 무슨 짓이야. 멍청–

알베르토가 말을 끝내기 전에 루카가 그의 입을 틀어막는다. 마시모가 이상하다는 듯 눈을 가늘게 뜬다. 하지만 다시 돌아서서 계속 저녁 식사를 준비한다. 줄리아가 아이들에게 안심하라는 신호를 보낸다.
장면 전환: 아이들이 식탁에 앉아 있다. 루카는 잔뜩 긴장했다. 알베르토는 벽에 있는 작살들을 유심히 바라본다.

알베르토 (루카에게 속삭이며) 저걸로 뭘 죽이는 것 같아?

마시모 (그 말을 듣고) 헤엄치는 건 모두.

---

enormous 거대한

prep 준비하다

cramped 좁은

casual 평범한

cleaver 식칼

jam 세게 밀다, 밀어 넣다

reassure 안심시키다

overhear 엿듣다

❶ Just let me do the talking.
말은 내가 할게.
상대방에게 '말하는 건 내게 맡겨'라는 의미로 자신 있게 하는 말이에요. let me ~는 '내가 ~할게', '내가 ~해 드릴게요'라는 의미로 먼저 나서면서 무언가를 하려고 할 때 쓰는 회화 표현입니다.

Luca feels **DREAD**. Alberto feels DREAD, but also **PROFOUND AWE**.

MASSIMO Hai visto il giornale today?

GIULIA That photo's a fake, Papà. (to the boys, a little embarrassed) Everyone in Portorosso pretends to believe in sea monsters.

Giulia hands a newspaper to Alberto, who studies it. It has a **BLURRY** PHOTO of a sea monster, tail visible above the water.

MASSIMO (O.S.) Well, I'm not pretending.

Massimo takes the clipping from Alberto's hands and VIOLENTLY **PINS** it to the wall with a knife–Adding it to a VAST "BEAUTIFUL MIND"-TYPE BOARD OF SEA MONSTER **ARTICLES** AND PHOTOS. Luca, drinking a glass of water, SPIT-TAKES onto Alberto. Half of Alberto's monster turns sea monster. Oh sweet Jesus no. Luca **TACKLES** Alberto to the floor, before Massimo and Giulia can see him. Alberto **hastily dries off** under the table, where no one can see them. No one, that is, except: MACHIAVELLI, the Marcovaldo family's **imposing** cat. He growls. The boys **scramble** back into their seats.

LUCA Slipped!

GIULIA (beat) Huh.

MASSIMO Dinner's ready. Trenette al pesto. (beat) **Mangiamo**.

Clearly the boys are supposed to start eating. But they have no idea how the **utensils** work. So Alberto just grabs a handful of pasta and sticks it in his mouth. Then another. Luca, **hesitantly**, **follows suit**. The food is delicious. Pretty soon both boys are **cramming** it into their mouths with the worst manners that you have ever seen.

ALBERTO Mmm.

루카는 공포를 느낀다. 알베르토도 두렵지만, 왠지 모를 경외심이 들기도 한다.

마시모 오늘 신문 봤니?

줄리아 그 사진은 가짜예요, 아빠. (아이들에게, 조금 창피해하며) 포르토로소에 있는 사람들은 다 바다 괴물을 믿는 척하지.

줄리아가 알베르토에게 신문을 건네자 그가 유심히 바라본다. 신문에는 꼬리가 물 위에 올라와 있는 바다 괴물의 흐릿한 사진이 담겨져 있다.

마시모 (목소리) 음, 나는 척하는 게 아니야.

마시모가 알베르토에게서 신문 기사 조각을 뺐더니 거칠게 벽에 칼로 꽂아 둔다. 영화 "뷰티풀 마인드"의 거대한 보드처럼 바다 괴물에 관한 기사와 사진이 가득 붙어 있는데 방금 또 하나 추가된 것이다. 물을 마시던 루카가 알베르토에게 갑자기 물을 뿜는다. 알베르토의 절반이 바다 괴물로 변한다. 오 저런 안 돼. 마시모와 줄리아가 보기 전에 루카가 알베르토를 바닥에 쓰러뜨린다. 탁자 밑 아무도 보지 않는 곳에서 알베르토는 황급히 몸을 말린다. 하지만 마르코발도 가족의 위풍당당한 고양이 마키아벨리의 눈을 피할 수는 없다. 고양이가 그르렁 소리를 낸다. 아이들이 재빨리 자리로 돌아온다.

루카 미끄러져서!

줄리아 (정적) 허.

마시모 저녁 다 됐다. 트레네테 알 페스토야. (정적) 먹자.

소년들이 먹으려고 하지만 식사 도구를 어떻게 써야 할지 모른다. 알베르토는 손으로 파스타를 한 줌 쥐고 입에 쑤셔 넣는다. 또다시 그렇게 먹는다. 루카도 마지 못해 따라 한다. 정말 맛있는 요리다. 곧바로 아이들은 식탁 예절은 아랑곳하지 않고 음식을 입에 마구 집어넣는다.

알베르토 으음.

---

dread 무서운

profound 심오한

awe 경외심

blurry 흐린

pin 붙이다, 꽂다

article 신문 기사

tackle 쓰러뜨리다

hastily 황급히

dry off (물을) 말리다

imposing 위풍당당한

scramble 황급히 움직이다

Mangiamo (이태리어) 먹다 (= Let's eat.)

utensil 식기, 식사 도구

hesitantly 주저하며, 머뭇거리며

follow suit 따라 하다

cram 마구 집어넣다

GIULIA	Uhh.	줄리아 어어.
LUCA	Mmm.	루카 음.
GIULIA	Okay.	줄리아 그래.

바로 이장면!

MASSIMO	Where did you boys say you were from?	마시모 너희들 어디에서 왔다고 했지?
GIULIA	(needing to rescue them) They're… classmates! From Genova. Luca and uhhh…	줄리아 (아이들을 도와주려고) 얘들은… 반 친구들이에요! 제노바에서 왔죠. 루카와 어어…
LUCA	(whispering) Alberto.	루카 (속삭이며) 알베르토.
GIULIA	…Ahhhhlberto.	줄리아 …아알베르토.
MASSIMO	And what brings you to Portorosso?	마시모 포르토로소에는 왜 왔지?
GIULIA	Oh, uh. **Funny you should ask!**❶ They came for the race.	줄리아 오, 어. 재미있는 우연이죠? 얘들도 경기하러 왔어요.
MASSIMO	(**darkening**) The race?	마시모 (어두운 표정으로) 경기라고?

Giulia can feel this is going badly.

줄리아는 상황이 점점 나빠지고 있다는 것을 느낄 수 있다.

GIULIA	Yeah. You know what? Don't worry about it.	줄리아 네. 저기 아빠! 신경 쓰지 마세요.
MASSIMO	Don't worry about it?	마시모 신경 쓰지 말라고?
GIULIA	Mm-hmm. Don't worry about it.	줄리아 네. 걱정 안 하셔도 돼요.

Massimo sets down his glass.

마시모가 물컵을 내려놓는다.

MASSIMO	(**sighs**) Giulietta? **A word.**❷	마시모 (한숨 쉬며) 줄리에타? 따로 얘기 좀 하자.

Massimo and Giulia **confer privately**:

마시모와 줄리아가 따로 대화한다.

---

darken 어두워지다
sigh 한숨 쉬며
confer 이야기를 하다
privately 사적으로

❶ **Funny you should ask!**
재미있는 우연이죠?
상대방의 질문이 내가 생각하고 있는 것과 우연이 맞아떨어지자 살짝 놀라며 재미있게 하는 말이에요. '그렇게 물어보니 신기하군요'라고 해석할 수 있어요.

❷ **A word.** 따로 얘기 좀 하자.
누군가와 단둘이 얘기하고 싶을 때 Can I have a word with you? 라고 쓰는데, 이 대사처럼 간단히 줄여 쓸 수 있어요.

MASSIMO I don't want you doing the race again. You get so **upset**.

마시모 난 네가 경기를 안 했으면 좋겠다. 너무 힘들잖니.

GIULIA Papà, **per favore**! I have a team now!

줄리아 아빠, 제발요! 이번에는 팀이 생겼어요!

MASSIMO There's also the entry fee. Money's **tight**.

마시모 참가비도 내야 하잖아. 요즘 빠듯해.

GIULIA I'll work double **shifts** at the **pescheria**— whatever you need.

줄리아 생선 가게에서 배로 일할게요– 필요한 건 뭐든 다 할게요.

MASSIMO (with a **painful** smile) I can't sell what I don't have. What I need is more fish in my net. **Mi dispiace**, Giulietta.

마시모 (억지로 미소 지으며) 아무것도 없는데 뭘 팔 수 있겠니. 물고기가 더 잡혀야 해. 미안하구나, 줄리에타.

LUCA (O.S.) ...Umm, excuse me?

루카 (목소리) ⋯ 음. 말씀 중에 실례합니다.

PULL OUT to show that Massimo and Giulia are just a few feet away from Luca and Alberto. Because this house is very small. Anyway, the boys heard the whole thing, and:

전체 화면이 잡히는데 집이 매우 좁아서 마시모와 줄리아가 루카와 알베르토로부터 얼마 안 되는 거리에 있다. 어쨌든 아이들이 이들의 대화를 모두 들은 것이다. 그리고:

LUCA We could help!

루카 우리가 도와 드릴게요!

MASSIMO (doubtfully) You know fish?

마시모 (의심의 말투로) 너들이 물고기를 안다고?

ALBERTO Oh, we? We know lots of fish.

알베르토 오, 저희요? 저희가 물고기는 많이 알죠.

Giulia **puts on** her most winning **smile**—

줄리아가 활짝 미소를 짓는다.

GIULIA Can this face lose?

줄리아 이게 질 것 같은 얼굴인가요?

Beat. Then Massimo sighs heavily and shrugs in **resignation**.

정적. 마시모가 크게 한숨을 쉬고 포기한 듯 어깨를 으쓱한다.

MASSIMO You want to work, I'll **put** you **to work**.

마시모 일하고 싶다면 일을 시켜 주지.

LUCA Really? (laughing)

루카 정말요? (웃으며)

---

upset 화가 난

per favore (이태리어) 제발 (= Please.)

tight (여유 없이) 빠듯한

shift 근무조

pescheria 생선 가게

painful 고통스러운

Mi dispiace (이태리어) 미안해 (= I'm sorry.)

doubtfully 의심하는 듯

put on smile 미소를 짓다

resignation 체념, 사직

put ~ to work 일을 시키다

The boys **celebrate**–Giulia is **giddy** with **excitement**–

GIULIA   Oh. Grazie, Papà!!

Luca turns to see the cat **inches** toward him.

GIULIA   (**stern**) Machiavelli! (**shushes**) Don't you... No! Machiavelli!

The cat **LEAPS**.

아이들이 기뻐한다. 줄리아도 흥분을 감추지 못한다.

줄리아 오, 고마워요, 아빠!!

루카가 뒤를 돌아보니 고양이가 그에게 천천히 다가온다.

줄리아 (엄하게) 마키아벨리! (쉿 하며) 하지 마… 안 돼! 마키아벨리!

고양이가 달려든다.

---

celebrate 환호하다
giddy 기쁜
excitement 흥분, 신남
inch 조금씩 움직이다
stern 단호한
shush 쉬, 쉿
leap 뛰다

We Gotta Earn the Entry Fee

우린 참가비를 벌어야 해

🎧 15.mp3

EXT. GIULIA'S **BACKYARD** – NIGHT
The boys **hurry into** the yard, scratched up from the cat.

GIULIA I'm so sorry about the cat. **I don't know what got into him!**❶

LUCA (woozy) It's fine. We're gonna head back to, uhh...

He's not sure how to finish the sentence and Giulia realizes–

GIULIA Oh. Do you guys need a place to stay?

INT. GIULIA'S TREEHOUSE
Luca and Alberto sit on a **platform** in a tree–Giulia's treehouse. Lights are **strung** in the branches. Books are **scattered** here and there–Giulia picks them up–

LUCA Cool.

GIULIA Oops. Sorry. This is my–

ALBERTO Your hideout.

GIULIA Heh. Yeah. My hideout. ...**Buonanotte**, boys.

She walks along a branch and jumps, not super **gracefully**, through a window into her bedroom.

GIULIA Whoa! Slipped. Uh, see you in the morning!

As soon as she is gone, Luca EXHALES in RELIEF.

실외. 줄리아 집의 뒷마당 – 밤
고양이에게 긁힌 상처를 입은 소년들이 마당으로 급히 나온다.

줄리아 고양이 때문에 그렇게 돼서 정말 미안해. 쟤가 왜 저러는지 모르겠어!

루카 (멍한 상태로) 괜찮아. 우리는 이제 돌아가려고, 어…

루카가 말을 어떻게 맺어야 할지 난감해하는데 줄리아가 이를 눈치챈다.

줄리아 오, 지낼 곳이 필요한 거니?

실내. 줄리아의 나무 위의 집
루카와 알베르토가 줄리아의 나무 위의 집 바닥에 앉아 있다. 전구들이 나뭇가지에 걸려 있고 책들이 여기저기 흩어져 있다. 줄리아가 책을 집어 들면서–

루카 멋지다.

줄리아 어머. 미안. 여기는 나의–

알베르토 너의 아지트구나.

줄리아 헤. 그래. 나의 아지트. …잘 자, 얘들아.

줄리아가 나뭇가지 위를 걸어가 자신의 침실이 있는 창문으로 뛰어들어가지만 전혀 폼이 나지 않는다.

줄리아 워우! 미끄러졌네. 어, 내일 아침에 봐!

그녀가 사라지자마자 루카가 안도하며 크게 한숨을 내뱉는다.

---

backyard 뒷마당
hurry into 황급히 들어가다
woozy 멍한
platform 강단, 평평한 바닥
strung 묶다(string)의 과거 분사
scattered 흩어져 있는
Buonanotte (이태리어) 잘 자 (= Good night.)
gracefully 우아하게

❶ **I don't know what got into him!**
쟤가 왜 저러는지 모르겠어!
What's got into ~?는 평소와는 다르게 이상한 행동하는 사람을 보며 '~가 왜 그런 거야?'라는 의미로 물어보는 말이에요. What's got into you?는 '너 왜 그러는 거야?' 혹은 '너 제정신이니?'라는 뜻으로 상대방에게 살짝 따지면서 하는 말이에요.

LUCA	That was **close**.	루카 아슬아슬했어.
ALBERTO	I know. Like, how big was that dad human?! That guy kills things, for sure.	알베르토 그니까. 그 아빠라는 남자 덩치 봤지?! 그 사람 확실히 죽이는 걸 하나 봐.
LUCA	I thought we were gonna die like a hundred times.	루카 우리도 골백번은 죽는 줄 알았다니까.
ALBERTO	Hey. Relax. We're **incredible** at this humaning stuff.	알베르토 이봐. 진정해. 우리는 지금 인간 짓을 아주 잘하고 있으니까.
LUCA	Yeah. You're right. Did you see me on the bike? Giulia said "look up" and then **all of a sudden**, I was riding it!!	루카 그래. 맞아. 내가 자전거 타는 거 봤어? 줄리아가 "위를 봐"라고 하니까 갑자기 내가 자전거를 타고 있더라고!!

Alberto doesn't love hearing about how Luca learned something from a person who wasn't him.

알베르토는 루카가 자신이 아닌 다른 사람에게 무언가를 배웠다는 사실이 마음에 들지 않는다.

ALBERTO	(interrupting) Yeah yeah yeah. Our Vespa's gonna be even better than a bike, though. Because the moment we get it, we're OUTTA here.	알베르토 (말을 끊으며) 알았어, 알았다고. 그래도 우리의 베스파가 자전거보다는 훨씬 더 좋을 거야. 그걸 손에 넣으면, 우리는 여기를 떠날 거야.
LUCA	Ha, I can't wait.	루카 하. 정말 기대된다.

EXT. BEACH – **DAWN**
Like **middle-aged commandos**– DANIELA and LORENZO **sneak out of** the ocean and onto shore, under cover of early-morning darkness. They are here to get their son back.

실외. 해안가 – 새벽
이른 새벽 사방이 어두운데 중년의 특전사들처럼 다니엘라와 로렌초가 바닷속에서 해안으로 몰래 올라온다. 그들은 아들을 데려가기 위해 이곳에 온 것이다.

DANIELA	How could my mother tell him about this town of **bloodthirsty lunatics**?	다니엘라 어머닌 왜 애한테 피에 굶주린 미치광이들 마을 얘기를 한 거야?
LORENZO	I still can't believe he would do this. It's not like him.	로렌초 걔가 이런 짓을 했다니 아직도 믿기지 않네. 그 아이답지 않아.

---

close 아슬아슬한

incredible 훌륭한

all of a sudden 갑자기

interrupt 방해하다

dawn 새벽, 여명

middle-aged 중년의

commando 특전사

sneak out of 몰래 나오다

bloodthirsty 피에 굶주린

lunatic 미치광이

DANIELA   Just keep your guard up. There's gonna be land monsters everywhere– AAIIGH!

다니엘라   조심해. 육지 괴물들이 어디에서 나타날지 몰라– 아아악!

Daniela turns to see a land monster (Lorenzo) and **attacks** him, knocking him to the ground and slapping his face.

고개를 돌리는 다니엘라. 육지 괴물(로렌초)을 발견하고 공격한다. 그를 바닥에 쓰러뜨리고 얼굴을 찰싹찰싹 때린다.

LORENZO   Daniela! Ooh! Wait! Ow, ow!

로렌초   다니엘라! 오! 잠깐만! 아우. 아우!

DANIELA   UGH! NO! NOT (slap) TODAY (slap), LAND MONSTER! (slap)

다니엘라   으액! 안 돼! 어딜 (찰싹) 감히 (찰싹), 이 육지 괴물아! (찰싹)

LORENZO   IT'S ME!

로렌초   나라고!

DANIELA   OH. You scared the **scales** off of me.

다니엘라   오. 당신 때문에 비늘 다 떨어지는 줄 알았잖아.

LORENZO   Jeez, you're strong.

로렌초   맙소사. 힘 엄청 세네.

DANIELA   Sorry. **I'm just a little on edge.** ❶

다니엘라   미안해. 신경이 곤두서 있어서.

LORENZO   No. I needed that. It really woke me up. Wow! We look horrifying.

로렌초   아니. 난 그게 필요했어. 정말 정신이 번쩍 들었어. 왜! 우리 정말 끔찍하다.

Daniela **inspects** her BEAUTIFUL HAIR.

다니엘라는 자신의 아름다운 머리카락을 바라본다.

DANIELA   Ugh. **Gross.** ❷ (**resolute**) Come on. Let's find our son.

다니엘라   으웩. 징그러워. (결의에 찬 목소리로) 어서. 우리 아들을 찾으러 가자고

EXT. GIULIA'S TREEHOUSE – MORNING
Luca wakes up in the treehouse. Its branches drip gently– it rained in the night. He smiles, for the moment **oblivious** to the fact that the RAIN HAS TRANSFORMED HIM INTO A SEA MONSTER. He turns to look at Alberto, who has also transformed. Oh **snap**.

실외. 줄리아의 나무 위의 집 – 아침
루카가 나무 위의 집에서 잠이 깬다. 나뭇가지에서 물이 부드럽게 떨어진다– 간밤에 비가 온 것이다. 루카가 미소 짓는데, 그 순간만큼은 비가 와서 자기 모습이 다시 바다 괴물로 변한 사실을 모르고 있다. 고개를 돌려 알베르토를 보는데 그도 역시 변했다. 오, 이런.

LUCA   Oh no. Oh no. Alberto! Wake up!!

루카   오 안 돼. 안 돼. 알베르토! 일어나!!

ALBERTO   What? AAAAH!! The sky's been **leaking**!

알베르토   왜? 아아아!! 하늘에서 물이 샜네!

---

attack 공격하다
scale 비늘
inspect 살펴보다
resolute 결심하는
oblivious 알지 못하는
snap 오, 이런
leak 물이 새다

❶ **I'm just a little on edge.**
신경이 곤두서 있어서.
be on edge를 직역하면 '끝자락 위에 서 있다'입니다. 몹시 초조한 심경을 나타내며 '신경이 곤두서 있다'라고도 해석할 수 있어요.

❷ **Gross.** 징그러워.
비위에 거슬리는 것을 보고 쓰는 표현으로 '역겨워', '징그러워'라는 의미예요.

Giulia **slams open** her **shutters**, cups her hands to her mouth like a trumpet, and plays a **REVEILLE**.

GIULIA   Paparapapa paparapapa paparapapa papa!

The boys SCRAMBLE OUT OF THE TREE before she can see them– Then they scramble AROUND THE TREE as the BACKYARD DOOR opens and Massimo **leans** out, harpoons in hand. Hastily, they manage to dry off before anyone sees them, except for an **agitated** Machiavelli.

GIULIA   Hmm. Uh… Oh, there you are!

LUCA   Buongiorno.

MASSIMO   All right, **ragazzi**. You want that entry fee, you gotta **earn** it. Giulietta, you make the deliveries…

GIULIA   (**snatching** the list, heading out) I'm on it! Already makin' em. Ciao!

MASSIMO   Hmm. You two are coming with me.

Luca is **anxious**; Alberto, **intrigued**, clocking Massimo's MANY KNIVES.

ALBERTO   Which knife do I get? Huh? Huh?

MASSIMO   You don't.

EXT. FISHING BOAT – MORNING
Out on the water, Massimo exchanges **greetings** with Tommaso, on a passing fishing boat–

TOMMASO   Buongiorno Massimo! You'll **keep an eye out for** those sea monsters, right? We're all **counting on** you!

줄리아가 갑자기 창문을 활짝 열고, 두 손을 나팔처럼 입으로 모으고, '기상나팔 소리'를 낸다.

줄리아   빠빠라빠빠 빠빠라빠빠 빠빠라빠빠 빠빠!

아이들은 줄리아가 보기 전에 황급히 나무에서 내려온다. 그리고 나무 주변을 급하게 맴도는데 이때 뒷마당 문이 열리고 마시모가 손에 작살을 들고 들어온다. 누가 보기 전에 아이들은 서둘러 몸을 말리는데 화난 표정의 마키아벨리의 눈은 피하지 못한다.

줄리아   흠. 어… 오, 거기 있었네!

루카   좋은 아침.

마시모   자, 얘들아. 참가비를 원하면 스스로 벌어야지. 줄리에타, 넌 배달을…

줄리아   (아빠의 손에서 목록을 낚아채고, 밖으로 나가면서) 제가 해요. 지금 가요. 안녕!

마시모   음. 너희 둘은 나와 같이 가자.

루카는 걱정이 많지만, 알베르토는 흥분된 표정으로 마시모가 가지고 있는 여러 개의 칼을 바라본다.

알베르토   어떤 칼이 제 거예요? 네? 네?

마시모   넌 없어도 돼.

실외. 낚시 배 – 아침
바다 위에서 마시모가 낚시 배를 타고 지나가는 토마조와 인사한다.

토마조   좋은 아침이야, 마시모! 바다 괴물이 나오는지 잘 보라고, 알겠나? 우린 자네만 믿네!

---

slam open 확 열어젖히다

shutter 덧문, 셔터

reveille 기상나팔 소리

lean 기울다, 숙이다

agitated 화가 난

ragazzi (이태리어) 아이들, 소년들

earn 벌다

snatch 잡아채다

anxious 걱정하는

intrigued 흥미로워하는

greeting 인사

keep an eye out for 유심히 살피다

count on ~를 믿다

MASSIMO Don't worry, Tommaso, I've got my eyes peeled. They won't get away.

마시모 걱정 말아요, 토마조. 두 눈 부릅뜨고 있으니까요. 절대 도망 못 가요.

Massimo grabs his TRUSTY HARPOON by his side. Meanwhile the waves and Massimo are **jostling** the boys to and fro—they keep almost flying out of the boat and into the water.

마시모는 옆에 있는 튼튼한 작살을 잡아 든다. 그 사이 파도와 마시모 때문에 소년들이 이리저리 흔들린다. 그들이 배에서 떨어져서 바다에 빠질 것 같다.

MASSIMO Hey, this isn't a joyride. **Make yourselves useful.** ❶

마시모 이봐. 놀러 온 게 아니야. 밥값해야지.

The boys hastily get to work pulling up NETS. Machiavelli stalks Luca. Some Hitchcock fun and games that results in Machiavelli **POUNCING** ONTO LUCA'S FACE. He is really **clamped** on there. Luca **staggers** around, trying to get him off, rocking the boat a little–

소년들은 허겁지겁 그물을 끌어 올리며 일한다. 마키아벨리가 루카를 집요하게 관찰한다. 못된 장난처럼 마키아벨리가 루카의 얼굴 위로 달려들고 얼굴에 딱 붙어 떨어지지 않는다. 루카가 그를 떼어 내려고 이리저리 움직이자 배가 흔들거린다.

MASSIMO Hey! **No goofing around back there!** ❷

마시모 이봐! 거기서 노닥거리지 마!

Luca finally succeeds in FLINGING Machiavelli off his face– and into the water.
TIME CUT: Luca **apologetically** feeds an anchovy to a soaking wet, **shell-shocked**, furious Machiavelli. Up front, Alberto is sneaking a glance at Massimo's one-armed style. Massimo catches him.

루카는 마침내 마키아벨리를 얼굴에서 떼어낸다. 마키아벨리가 물에 빠진다.
잠시 후 화면: 흠뻑 젖어 어쩔 줄 몰라 화가 난 마키아벨리에게 루카가 미안한 듯 멸치를 먹여 준다. 배 앞에서 알베르토가 마시모의 외팔이 모습을 슬쩍 훔쳐본다. 마시모가 그런 알베르토를 눈치챈다.

MASSIMO (shows his arm) A sea monster ate it.

마시모 (팔을 보여 주며) 바다 괴물이 먹어 치웠어.

ALBERTO Huh. What?

알베르토 허, 네?

MASSIMO (chuckles) No. This is how I came into the world.

마시모 (웃으며) 아냐. 태어날 때부터 이랬지.

And one-armed, he opens a net with a **dexterous** flourish–

그는 한쪽 팔로 능숙하게 그물을 펼친다.

MASSIMO Mannaggia. Not a great catch today.

마시모 젠장. 오늘은 안 잡히네.

LUCA It might be because we're over a **haunted** fish graveyard?

루카 유령 나오는 물고기 묘지 위에 있어서 그런 거 아닐까요?

---

jostle 거칠게 밀치다

pounce 뛰어들다

clamp 달라붙다

stagger 비틀거리다

apologetically 미안한 듯

shell-shocked 어쩔 줄 모르는

dexterous 능숙한

haunted 귀신 들린

❶ **Make yourselves useful.**
밥값해야지.
직역하면 '너 스스로를 유용하게 만들어'인데, 이 말에 어울리는 우리말은 '밥값해야지'가 되겠죠.

❷ **No goofing around back there!**
거기서 노닥거리지 마!
goof around는 '노닥거리다', '빈둥대다'라는 뜻이에요. 일은 제대로 하지 않고 대충 시간만 때우려는 사람들에게 일침을 날리는 말이랍니다.

Beat. Massimo is confused. Alberto comes to the rescue.

ALBERTO (**explaining**, **confidently**) WE know it's not haunted. The FISH think it's haunted.

Massimo **knits his brow**. These boys are strange.

ALBERTO This time of day, most fish will be riiight about there.

Alberto **points** off **into the distance**. Massimo is **skeptical**.

MASSIMO Hmm.

정적. 마시모가 혼란스러운 표정이다. 알베르토가 옆에서 도와준다.

알베르토 (자신 있게 설명하며) 우리는 유령이 안 나온다는 걸 알죠. 하지만 물고기들은 그렇게 믿고 있다는 말이에요.

마시모가 눈살을 찌푸린다. 얘네들 좀 이상한걸.

알베르토 이 시간에는 물고기들이 대부분 저쪽에 있을 거예요.

알베르토가 저 먼 곳을 가리킨다. 마시모는 회의적인 표정이다.

마시모 흐음.

---

explain 설명하다

confidently 자신 있게

knit one's brow 눈살을 찌푸리다

point 가리키다

into the distance 저 멀리

skeptical 회의적인

DISNEY·PIXAR
LUCA

Where Are You, Luca?

어디에 있니, 루카?

🎧 16.mp3

ARAGOSTA SISTERS   Ciao, Giulia.

GIULIA   Ciao.

EXT. PIAZZA – DAY
Giulia races through town on her bike–**SKIDS** to a **halt** at the piazza–
Checks her POCKET WATCH, then shoots two fists in the air–

GIULIA   HA HA! NEW PERSONAL BEST!

Then clocks Massimo and the boys returning with a truly **EPIC AMOUNT OF FISH.**

GIULIA   (in quiet awe) Santa **Pecorino.**

ALBERTO   Shoo! Shoo!

MASSIMO   (to Giulia) Your friends do know fish.

Massimo pats Alberto's shoulder. Giulia is **relieved.**

GIULIA   (laughs) Benissimo! Ooh, let's go **sign up!**

EXT. PORTOROSSO – DAY
LAUNDRY hangs on a clothes line. Both hands **whisk** it **off.** DANIELA and LORENZO, wearing the **pilfered** clothing, sneak into town.

DANIELA   Okay, okay. Now what's our plan? Think, Daniela!

LORENZO   Hey. Everything's always on you. **I want to step up.**❶

아라고스타 자매   안녕, 줄리아.

줄리아   안녕하세요.

실외. 광장 – 낮
자전거를 타고 마을을 질주하는 줄리아. 광장에서 미끄러지듯 멈춰 서는데 – 회중시계를 꺼내 시간을 확인하고 두 주먹을 공중으로 번쩍 들어 올린다–

줄리아   하하! 개인 신기록이야!

그러고는 마시모와 소년들이 물고기를 가득 싣고 돌아오는 모습을 바라본다.

줄리아   (감탄하며) 세상에나.

알베르토   저리 개! 가라고!

마시모   (줄리아에게) 네 친구들이 물고기 도사들이네.

마시모가 알베르토의 어깨를 토닥인다. 줄리아가 안심한다.

줄리아   (웃으며) 대단하다! 오, 이제 등록하러 가자!

실외. 포르토로소 – 낮
빨랫줄에 옷들이 널려 있다. 양손이 옷을 재빨리 낚아챈다. 다니엘라와 로렌초가 훔친 옷을 입고 마을로 몰래 들어간다.

다니엘라   자, 좋아. 이제 계획이 뭐지? 생각해 봐, 다니엘라!

로렌초   여보. 늘 당신이 모든 걸 결정했잖아. 이번에는 내가 해 볼게.

---

skid 미끄러지다

halt 정지

epic 매우 훌륭한

pecorino (이태리어) 페코리노; 양젖 치즈

relieved 안심이 된

sign up 신청하다

whisk off 낚아채다

pilfered 훔친

❶ **I want to step up.**
이번에는 내가 해 볼게.
step up은 '앞으로 나아가다', '전진하다'라는 뜻이에요. 이 대사는 지금까지 소극적이었던 자신이 이번에는 적극적으로 나서서 문제를 해결하겠다는 의미로 하는 말이에요.

DANIELA Uh... you sure?

다니엘라 어… 정말?

LORENZO (confidently) Oh yeah. I got this.

로렌초 (확신에 찬 태도로) 오 그래. 내가 해결한다니까.

And he **saunters** over to a kid (not Luca) sitting by himself on the **seawall** enjoying a gelato cone.

그가 방조제에 혼자 앉아 젤라또 콘을 먹고 있는 아이(루카가 아니다)에게 천천히 다가간다.

LORENZO Oh, hello there, young man. You're not **fooling** anyone.

로렌초 오, 안녕. 꼬마 친구. 누구를 속이려고.

The kid **licks** his gelato, **blank-faced** and confused.

젤라또를 핥아먹던 아이. 무슨 말인지 몰라 멍한 표정을 한다.

DANIELA (under breath) Lorenzo. Eh-eh.

다니엘라 (작은 목소리로) 로렌초. 에-에.

LORENZO Did you really think you could **get away with** this? You thought we wouldn't find you? Well, guess what.

로렌초 쉽게 도망칠 수 있을 거라고 생각한 거야? 우리가 널 못 찾을 줄 알았지? 자. 잘 들어.

DANIELA Lorenzo. I don't think…

다니엘라 로렌초. 내 생각에는…

LORENZO It's time for us to go home.

로렌초 이제 집에 갈 때가 됐어.

Lorenzo PUSHES the kid into the water. He is about to follow, when Daniela **grabs** him. The kid has not turned into Luca. **Awkward** beat. The kid begins to cry.

로렌초는 아이를 물속으로 밀어 빠뜨린다. 자신도 따라 들어가려고 하는데 다니엘라가 그를 붙잡는다. 아이는 루카로 변하지 않았다. 어색한 정적이 흐르고 아이가 울기 시작한다.

LORENZO (**fumbles**) Let that be a lesson to you!

로렌초 (말을 더듬으며) 오늘 좋은 거 배운 거야!

DANIELA Go, go, go! Run before its mother gets here.

다니엘라 가. 가 가자고! 얘 엄마가 오기 전에.

The adults **FLEE–**

어른들. 도망간다 –

LORENZO It **turns out** I don't got this.

로렌초 난 이런 거 못하는 거 같아.

---

saunter 천천히 다가오다

seawall 방조제

fool 속이다

lick 핥아먹다

blank-faced 무표정한

get away with ~ 벗어나다

grab 붙잡다

awkward 어색한

fumble 어설프게. 더듬거리며

flee 도망가다

turn out 드러내다

DANIELA   No. But I do. I'll know my son when I—

Into the PIAZZA, which contains MANY KIDS. Daniela gazes around. This is going to be pretty difficult.

DANIELA   –see him.

다니엘라   그래. 하지만 난 할 수 있지. 내 아들을 단번에 알아볼 수 있을 거야 내가—

아이들이 많이 있는 광장으로 들어선다. 다니엘라가 주변을 살펴본다. 꽤 어려운 일이 될 것 같다.

다니엘라   –걔를 본다면.

DANIELA   Aw, sharks.

GIULIA   Grazie, Papà! Come on, we'd better hurry.

EXT. PIAZZA – DAY
Giulia, Luca, and Alberto walk up to a LINE OF KIDS waiting to **submit** their entries to the PORTOROSSO CUP. A WOMAN in an **ELABORATE** COSTUME and MUSTACHE addresses them from a little **makeshift stage**:

SIGNORA MARSIGLIESE   Fellow Portorossans! It is I! GIORGIO GIORGIONI!! (**hamming it up**) **Slayer** of sea monsters. And beloved **purveyor** of pasta!

In the crowd, Luca is alarmed:

LUCA   Slayer of sea monsters?!

GIULIA   That's just Signora Marsigliese. She works for the **sponsor** for the race. (**exasperated** sigh) This is gonna take forever.

SIGNORA MARSIGLIESE   The finest pasta in Liguria. At a price every family can afford!

GIULIA   GET TO THE RULES. ❶

다니엘라   아, 이런.

줄리아   고마워요, 아빠! 가자, 서둘러야 해.

실외. 광장 – 낮
줄리아, 루카 그리고 알베르토는 포르토로소 컵에 참가 신청하려고 줄을 서서 기다리는 아이들을 향해 걸어간다. 화려한 무대 복장을 하고 콧수염을 붙인 여성이 작은 간이 무대에서 연설한다.

마르실리에제 부인   친애하는 포르토로소 주민 여러분! 저예요! 조르지오 조르지오니!! (과장된 연기를 하며) 바다 괴물 사냥꾼이자. 여러분이 좋아하는 파스타를 납품하고 있지요!

사람들 속에서 루카는 놀란 모습이다.

루카   바다 괴물 사냥꾼이라고?!

줄리아   마르실리에제 부인이야. 경기를 후원하는 분이야. (짜증나는 듯 한숨 쉬며) 이거 한참 걸리겠네.

마르실리에제 부인   리구리아 최고의 파스타죠. 누구나 쉽게 구입할 수 있는 가격!

줄리아   경기 규칙 설명으로 바로 넘어가요!

---

submit 제출하다

elaborate 정교한, 화려한

makeshift stage 간이 무대

ham it up 과장된 연기를 하다

slayer 사냥꾼

purveyor 조달 업자

sponsor 후원자

exasperated 짜증 나는

❶ **GET TO THE RULES.**
경기 규칙 설명으로 바로 넘어가요.
파스타 광고가 시작되자 줄리아는 이를 참지 못하고 바로 경기 규칙을 설명하라고 아우성을 치고 있어요. 이렇게 Get to the ~는 사설은 건너뛰고 중요한 말을 하라는 뜻이에요. 회화에서는 Get to the point!는 '요점만 말해!'라는 뜻입니다.

SIGNORA MARSIGLIESE (dry) **Enthusiasm**. Love to see it. (**regaining momentum**) To win my famous race, your team must be the first to: **Brave** the **treacherous** waters of the bay!! **Devour** a mystery bowl of my delicious pasta!! And ride to the top of Mount Portorosso and back!!!

LUCA That all sounds pretty **hard**.

ALBERTO Yeah. Hard to LOSE. We're going to win!

GIULIA I love your **confidence**. But don't forget. We have to **go through**—

마르실리에제 부인 (딱딱하게) 열정적이군요. 아주 보기 좋아요. (다시 연설로 돌아가) 이 유명한 경기에서 우승하려면 여러분들은 우선: 바닷속 거친 물살을 용감하게 헤치고!! 우리 회사의 맛있는 미스테리 파스타를 빨리 먹은 뒤에!! 포르토로소 산 정상까지 자전거를 타고 다시 내려와야 해요!!!

루카 정말 힘들 것 같은데.

알베르토 그래. 지는 게 더 힘들지. 우린 꼭 우승할 거야!

줄리아 자신감 넘치는 게 좋아. 하지만 명심해. 우리는 넘어야 할—

---

dry 무미건조한, 냉담한

enthusiasm 열정

regain 되찾다

momentum 가속도, 탄력

brave 용감히 맞서다

treacherous 거친

devour 집어삼키다

hard 힘든

confidence 자신감

go through 거치다, 통과하다

Declaration of War Against Ercole
에콜레에게 선전 포고를 하다

🎧 17.mp3

ERCOLE Champion coming through! Ciao, ciao!

Ercole arrives, Ciccio and Guido **trailing** behind **as usual**.

GIULIA —Ercole.

Ercole **plonks down** his entry fee.

SIGNORA MARSIGLIESE Aren't you a little old, Ercole?

ERCOLE (pretend **outrage**) Signora! I'm sixteen!

SIGNORA MARSIGLIESE You said that last year.

ERCOLE But this year it's true! (walking away, addressing the kids) You might want to save your money, ragazzi, this year Ercole is gonna break the record and make it six **in a row**–

He notices, with **delight**, that Giulia has **teamed up** with Luca and Alberto.

ERCOLE Oh no. I don't believe it. Spewlia, you teamed up with these **vagrants**?!

GIULIA (**irritated**) Ignore him.

ERCOLE (**mock-apologetic**) I wish for you that you could. I'm afraid your friends still need to pay the Out-of-Town **Weirdo** Tax.

에콜레 챔피언이 나가신다. 길을 비켜라! 안녕. 안녕!

에콜레가 도착하는데 평소처럼 치초와 귀도가 뒤를 따른다.

줄리아 – 에콜레.

에콜레가 참가비를 '척'하고 내려놓는다.

마르실리에제 부인 에콜레, 넌 나이가 많지 않니?

에콜레 (화가 난 척) 부인! 전 16살이에요!

마르실리에제 부인 작년에도 그렇게 말했지.

에콜레 하지만 올해는 정말이에요! (돌아서면서 아이들에게) 얘들아, 돈을 아끼는 게 좋을 거야. 올해도 이 에콜레 님이 기록을 깨고 6회 연속 우승을 할 테니까.

그는 줄리아가 루카와 알베르토와 함께 팀이 된 것을 알고 재미있어한다.

에콜레 오 이런. 믿기지 않네. 줄리웩, 너 이 떠돌이들과 함께하는 거니?!

줄리아 (짜증나는 듯) 무시해.

에콜레 (사과하는 척하며) 그럴 수 있으면 해 봐. 네 친구들은 "수상한 외지인 세금"을 내야 할 것 같네.

---

trail 뒤쫓다, 따라가다

as usual 평소처럼

plonk down '척'하고 내려놓다

outrage 분노

in a row 연속

delight 기쁨

team up 팀을 이루다

vagrant 떠돌이, 부랑자

irritated 짜증나는

mock ~인 척하는

apologetic 미안해하는

weirdo 괴짜, 이상한 사람

Ercole **snaps** his fingers– Ciccio snatches the money out of Giulia's hand and gives it to Ercole.

에콜레가 손가락을 팅기자 치초가 줄리아의 손에서 돈을 낚아채서 에콜레에게 준다.

GIULIA HEY! Ercole, you HAVE to give it back!

줄리아 야! 에콜레, 돌려줘!

ERCOLE Ercole doesn't have to do anything. He's the Portorosso Cup champion, number one, and number two, his life is amazing and everyone loves him.

에콜레 이 에콜레 님은 안 그래도 돼. 첫째, 포르토로소 컵 우승자거든. 둘째, 너무 훌륭한 인생을 살고 있어서 모든 사람이 다 좋아하잖아.

GIULIA They don't love you! They're **afraid** of you!

줄리아 널 좋아하는 게 아니야! 널 두려워하는 거지!

ERCOLE (**intimidating**, to the crowd) Raise your hand if you love me.

에콜레 (사람들을 위협하며) 날 사랑하는 사람 손 들어 봐.

EVERYONE in the crowd, terrified, raises their hand.

모여 있는 사람들 모두 무서워하면서 손을 든다.

ERCOLE See? Everyone. (to Alberto) Even you. (**booping** Alberto's nose) Boop.

에콜레 봤지? 전부 다 그래. (알베르토에게) 너도 그렇고. (알베르토의 코를 콕 건드리며) 뽁.

This is too much for Alberto. He raises his fists.

지금 이 상황을 알베르토는 견딜 수가 없다. 그가 주먹을 올린다.

ALBERTO Oh. **That's it.**❶ Come on, Luca.

알베르토 오. 더는 못 참아. 어서, 루카.

ERCOLE Hey! The vagrants want to fight! **Che bello**!

에콜레 어이! 떠돌이들이 싸우고 싶은가 보네! 잘 됐네!

LUCA (**unsure**) Alberto...?

루카 (자신 없어 하며) 알베르토…?

ALBERTO (**hushed**, to Luca) Silenzio, Bruno. Remember this is for our Vespa!

알베르토 (루카에게 조용하라며) 조용해, 브루노. 이게 다 베스파를 위한 거야!

GIULIA Stop!

줄리아 그만해.

Giulia **gets in the way** before the fight can begin.

싸움이 시작되기 전에 줄리아가 끼어든다.

---

snap 팅기다

afraid 두려워하는

intimidate 위협하다

boop 콕 하고 찌르다

Che bello (이태리어) 정말 좋다. 멋지다! (= How nice!)

unsure 확신하지 못하는

hushed 조용한

get in the way 막아서다

❶ **That's it.**
더는 못 참아.
앞에서 That's it! 은 '바로 그거야'라는 뜻으로 상대방의 생각에 강하게 동의할 때 쓴다고 했어요. 하지만 이 대사에 등장하는 That's it.은 '더는 못 참아'라는 뜻으로 상대방에게 한판 붙자는 의미로 분노하는 말이에요.

ERCOLE	A Vespa? Pfft. Trash like you can't ride Vespas.	에콜레 베스파? 칫. 너희 같은 쓰레기는 베스파를 탈 수 없어.
GIULIA	Ercole, you're just afraid we're gonna **put an end to** your evil empire of **injustice**.	줄리아 에콜레, 넌 우리가 너의 불공정한 악의 제국을 무너뜨릴까 봐 두려운 거야.
ERCOLE	(bored, overlap) "evil empire of injustice." Got anything new?	에콜레 (지루한 듯, 동시에 말하며) "불공정한 악의 제국." 더 새로운 건 없어?
GIULIA	Yeah! HERE'S a new one. You look like a…	줄리아 그래! 새로운 게 있지. 네 얼굴은…

Beat. She's got nothing. Ercole **smirks**.

정적. 줄리아는 말을 잇지 못한다. 에콜레가 실실 웃는다.

LUCA	(whispering) A **catfish**.	루카 (속삭이며) 메기.
GIULIA	(loudly, triumphantly) A CATFISH!	줄리아 (큰 목소리로 의기양양하게) 메기같아!

Every eye watches the STANDOFF: This only confuses the crowd. And Ercole. They are not impressed–until–

모두 이 대치 상태를 보고 있다: 이 말에 사람들은 어리둥절하다. 에콜레도 마찬가지다. 별로 임팩트가 있는 말이 아니다. 그런데–

LUCA	(**timidly**) Uh, they're **bottom feeders** and they also have two sad little **whiskers**.	루카 (소심하게) 어, 메기는 밑바닥 인생을 사는 물고기야. 내시처럼 불쌍한 수염이 붙어 있지.

Now the crowd starts **snickering**. Even Guido lets out a little **involuntary** giggle. Ercole fumes. He smacks Guido with a sandwich. Then he turns to Luca, **towering over** him.

이제 사람들이 낄낄거리며 웃기 시작한다. 심지어 귀도도 본의 아니게 피식 웃는다. 에콜레. 화를 내며 귀도를 샌드위치로 때린다. 그리고 루카를 보고 위풍당당한 자세로 말한다.

ERCOLE	Shut up! (**advancing**) Listen, Piccoletto. I eat kids like you for breakfast. I **dunk** them in my **cioccolata** and GNAM! **Finiti**!	에콜레 닥쳐! (앞으로 나오며) 이봐, 꼬맹아. 너 같은 조무래기는 내 아침 식사거리밖에 안돼. 초콜릿에 푹 찍어서 그냥 먹어 치우는 거야! 한입에 말이야!

Ercole leans in and creepily puts an arm around Luca, who cowers.

에콜레가 몸을 기울여 소름 끼치게 루카에게 팔을 올리는데, 루카가 몸을 움츠린다.

ERCOLE	So, here. Sign up. I'll make it my mission to destroy you.	에콜레 자, 여기. 등록해. 널 박살 내 줄 테니까.

He lets this **sink in**. Then, suddenly, BRIGHTENS–

에콜레는 확실하게 경고한다. 그러다 갑자기 표정이 밝아지는데–

---

put an end to 종결하다	involuntary 본의 아닌, 자기도 모르게
injustice 부당함	tower over ~ 위로 높이 솟아 있다
smirk 실실 웃다	advance 앞으로 나오다
catfish 메기	dunk 담그다
timidly 소심하게	cioccolata (이태리어) 초콜릿
bottom feeder 바닥에서 먹이를 찾는 물고기	Finiti (이태리어) 끝나다 (= finished)
whisker 수염	sink in 충분히 이해하다, 명심하다
snicker 낄낄거리며 웃다	

ERCOLE	Ha ha ha! (leaving, joking with the crowd) **It's gonna be some race, huh?❶** Sorry, no **autographs** today! (to a little boy who is still raising his hand) You can put your hand down.

Luca is absolutely terrified. But then Giulia puts an arm around him—

GIULIA	HA HA! Luca! Bravo, we did it!

Luca remembers to breathe. Giulia **drags** him away— Alberto **lags behind**, strangely **let down**. Giulia slaps the cash down on the table.

GIULIA	Giulia Marcovaldo!
SIGNORA MARSIGLIESE	Ciao, Giulia. Team of one?
GIULIA	Not today!

She **parts** to reveal Luca and Alberto.

LUCA	Luca Paguro.
ALBERTO	Alberto Scorfano.

EXT. MASSIMO'S HOME

GIULIA	(O.S.) Ok, ragazzi! We have one week to train!

INT. MASSIMO'S HOME
A BOWL OF LINGUINE in front of Alberto.

GIULIA	(ready, set, go!) **Pronti, ai posti, via!**
ALBERTO	I got this.

에콜레 하하하! (자리를 떠나며 사람들에게 농담을 던지며) 재미있는 경기가 되겠지, 어? 미안, 오늘은 사인회가 없어! (아직도 손을 들고 있는 소년에게) 너 이제 손 내려도 돼.

루카는 완전히 겁에 질려 있다. 하지만 그때 줄리아가 루카의 어깨에 손을 올린다 –

줄리아 하하! 루카! 잘했어, 우리가 해낸 거야!

이제서야 루카는 숨을 쉰다. 줄리아가 그를 데리고 가는데 – 알베르토는 왠지 모를 침울한 표정으로 뒤에 남아 있다. 줄리아가 탁자 위에 돈을 내려놓는다.

줄리아 줄리아 마르코발도예요!

마르실리에제 부인 안녕, 줄리아. 너 혼자지?

줄리아 오늘은 아니에요!

그녀가 물러서며 루카와 알베르토를 보여 준다.

루카 루카 파구로예요.

알베르토 알베르토 스코르파노예요.

실외. 마시모의 집

줄리아 (목소리) 좋아, 친구들! 훈련할 수 있는 시간은 일주일이야!

실내. 마시모의 집
알베르토 앞에 링귀니 파스타 한 접시가 있다.

줄리아 (준비, 차려, 시작) 준비, 차렷, 시작!

알베르토 내가 알아서 할게.

---

autograph 사인
drag 끌고 가다
lag behind 뒤에 남다
let down 침울한
part 갈라지다, 물러나다
Pronti, ai posti, via! (이태리어) 준비, 차렷, 시작!

❶ **It's gonna be some race, huh?**
재미있는 경기가 되겠지, 어?
이 대사에 나온 some은 '몇몇'이 아니라 '대단한', '흥미로운'이란 뜻이에요. 회화에서는 some game (흥미로운 경기), some party (흥겨운 파티)와 같은 표현으로 자주 쓰인답니다.

Alberto **is about to** start when Luca comes in with **an ARMFUL of** DIFFERENT PASTA DISHES:

ALBERTO Wait, what!?

GIULIA Every year they change the pasta. You have to be ready for anything! Could be **cannelloni, penne, fusilli, trofie,** EVEN **LASAGNE!**

Alberto is about to grab a handful when Giulia **raps** his hand.

GIULIA And you have to use a **forchetta**. It's the rule.

ALBERTO Ugh! Rules are for... **(frustrated)** ...rule people!

EXT. PORTOROSSO STREETS – UPHILL
NEXT: Luca struggles uphill on the bike as Alberto and Giulia slowly walk behind him. They are behind a VERY OLD MAN. Alberto covers his face with his hands in **frustration**.

알베르토가 시작하려는데 루카가 여러 종류의 파스타가 담긴 접시를 양팔 가득 가지고 온다.

알베르토 잠깐. 이건 뭐야?

줄리아 매년 파스타가 바뀌어서 다 준비해 둬야 해! 카넬로니. 펜네. 푸실리. 트로피에 그리고 라자냐까지!

알베르토, 파스타를 한 움큼 집어 들려는데 줄리아가 손을 '톡' 친다.

줄리아 포크를 써야 해. 규칙이야.

알베르토 으윽! 규칙은… (짜증내며) …사람들을 통제하는 거잖아!

실외. 포르토로소 거리 – 오르막
다음 훈련: 루카가 자전거로 오르막을 힘겹게 오르고 있고 알베르토와 줄리아는 그 뒤를 천천히 걸어간다. 나이 지긋한 할아버지 뒤에 있다. 알베르토가 짜증내며 자기 얼굴을 손으로 감싼다.

---

be about to 막 하려고 하다

an armful of 양팔 가득한

cannelloni 카넬로니 (고기나 치즈를 채운 원통형 파스타)

penne 펜네 (짧은 대롱 모양의 파스타)

fusilli 퓨질리 (퐈배기 모양의 파스타)

trofie 트로피에 (납작한 표면을 돌돌 만 파스타)

lasagne 라자냐 (납작하고 큰 파스타)

rap 때리다

forchetta (이태리어) 포크

frustrated 짜증나는

frustration 좌절. 짜증

Training for the Race

대회를 위한 훈련

🎧 18.mp3

CUT TO: AT THE TOP OF THE DOWNHILL
Luca nervously looks down the STEEP **INCLINE**.

LUCA Holy carp. No. I can't.

Of course Ercole, breezily riding by, hears this–

ERCOLE I know, I know. Ha ha ha ha! And remember, **Piccoletto**.

He draws a finger across his neck **menacingly** as he rides off.

GIULIA **Forza**! Luca, don't let him get in your head. You can do this!

LUCA Okay. Silenzio, Bruno! Here we go! (he pushes off) NOPE. I CAN'T.

He hits the brakes, the front wheel locks up, and he CRASHES.

EXT. SEA
AND FINALLY: Giulia swims in the sea as Alberto and Luca paddle behind. They watch her, **unimpressed**.

LUCA I guess that's how humans swim?

ALBERTO Ugh, **that's embarrassing.**❶

IN A MOTORBOAT IN THE DISTANCE: Ercole looks through **binoculars** as his **henchbuddies WIELD** HARPOONS hopefully.

CICCIO Any sea monsters?

장면 전환: 언덕 내리막길
루카는 가파른 내리막길을 바라보고 있다.

루카 맙소사. 아니야. 난 못 해.

여유롭게 자전거를 타고 지나가던 에콜레가 이 말을 듣고–

에콜레 그럴 줄 알았지. 하하하하! 꼭 기억해라. 꼬마야.

자전거를 타고 멀어지면서 그가 사악하게 손가락으로 목을 긋는 시늉을 한다.

줄리아 힘내! 루카, 저놈 따위는 신경 쓰지 마. 넌 할 수 있어!

루카 알았어. 조용해, 브루노! 자 간다! (그가 페달을 밟으며 출발한다) 아니야. 난 못 해.

루카가 브레이크를 잡는데, 앞바퀴가 잠기면서 크게 넘어진다.

실외. 바다
그리고 마지막 훈련으로: 줄리아가 바다에서 헤엄치고 알베르토와 루카가 뒤에서 노를 젓고 있다. 대수롭지 않은 듯 그녀를 지켜본다.

루카 인간들이 저렇게 헤엄친다고?

알베르토 으, 처참하네.

멀리서 모터보트를 타고: 에콜레가 쌍안경으로 무언가를 관찰하는 가운데 그의 부하들이 혹시나 해서 작살을 들고 있다.

치초 바다 괴물 보여?

---

incline 경사
piccoletto (이태리어) 꼬마
menacingly 사악하게
Forza! (이태리어) 힘내! (= Come on!)
unimpressed 대단하지 않다고 생각하는
binoculars 쌍안경
henchbuddy 부하
wield 들고 있다

❶ **That's embarrassing.**
처참하네.
That's embarrassing.은 얼굴이 화끈거릴 만큼 창피한 광경을 바라보며 하는 말인데 '처참하네', '창피해'라고 해석할 수 있어요.

ERCOLE   (lowering binoculars) No... but I see some bait.

He GUNS THE MOTOR— Giulia spots the boat speeding toward them.

GIULIA   Oh no. It's Ercole. Go, go!

Alberto and Luca start rowing FURIOUSLY. But they are rowing in opposite directions and the boat just goes in circles.

ALBERTO LUCA! FASTER! FASTER!

LUCA   WHY AREN'T WE MOVING?!

Ercole's boat is **bearing down on** them– Ercole grins **maniacally**.

GUIDO   (worried) Ercole–?

At the last minute, Guido grabs the steering and **averts collision**, instead sending a WAVE over Luca and Alberto –splashing Alberto, who turns SEA MONSTER and DUCKS into the boat with Luca– Fortunately, Ercole missed it. He's too busy **berating** Guido.

ERCOLE Guido?!

GUIDO   I–I slipped!

ERCOLE Ciccio! Slap Guido! Again! **Like you mean it!❶**

Giulia furiously **doggy-paddles** to confront Ercole. Meanwhile, Luca tries to throw a **tarp** over Alberto but instead hits Alberto in the face, KNOCKING HIM OVERBOARD. The **commotion** draws Ercole's attention–he turns to see Luca by himself.

ERCOLE Hmm. Where did the other one go? Eh? Cos'è?

에콜레 (쌍안경을 내리면서) 아니… 미끼가 보이긴 해.

그가 전속력으로 모터보트를 몰기 시작하고— 줄리아가 자신들을 향해 빠른 속도로 다가오는 보트를 발견한다.

줄리아 오 안 돼. 에콜레다. 가, 가!

알베르토와 루카가 미친 듯이 노를 젓기 시작한다. 하지만 서로 반대 방향으로 젓고 있어서 보트는 제자리를 맴돌 뿐이다.

알베르토 루카! 빨리! 더 빨리!

루카 왜 움직이지 않지?!

에콜레의 배가 그들을 향해 더 접근한다 – 에콜레가 사악하게 웃는다.

귀도 (걱정하며) 에콜레 –?

마지막 순간, 귀도가 방향타를 잡고 충돌을 피하는데 파도가 루카와 알베르토를 덮친다. 물을 맞은 알베르토가 바다 괴물로 변하는데 루카와 함께 재빨리 배 안으로 몸을 숙인다. 다행히 에콜레가 이 광경을 보지 못했다. 귀도를 질책하느라 정신이 없기 때문이다.

에콜레 귀도?!

귀도 미…미끄러졌어!

에콜레 치초! 귀도를 때려! 다시! 있는 힘껏!

화가 난 줄리아가 개헤엄을 치며 에콜레와 한바탕 하려고 한다. 그 사이 루카가 방수포로 알베르토를 덮어 주려다 얼굴을 쳐서 배 밖으로 쓰러뜨린다. 이 소동에 에콜레가 관심을 가지고 고개를 돌려 루카를 보는데 배 위에는 루카 혼자만 있다.

에콜레 음. 다른 놈은 어딨지? 어, 저게 뭐지?

---

bear down on ~에게 접근하다
maniacally 사악하게
avert 피하다
collision 충돌
berate 질책하다
doggy-paddle 개헤엄치다
tarp 방수포
commotion 소동

❶ **Like you mean it!**
있는 힘껏!
상대방에게 온 힘과 마음을 다해서 어떤 일을 하라고 명령할 때 쓰는 표현이에요. 문맥에 따라 '진심으로' 혹은 '있는 힘껏' 등으로 해석할 수 있어요. 회화에서는 Say it like you mean it.라는 말로 많이 쓰는데 '진심으로 말을 해'라는 뜻이에요.

He spots something purple in the water–he **squints**— But then **TOPPLES** OVER–a FURIOUS GIULIA has rocked the boat by hanging onto the sides to yell at him.

에콜레가 물속에서 보라색의 무언가를 발견하고 눈을 가늘게 뜬다. 바로 그때 그가 흔들거리며 넘어지는데 화가 난 줄리아가 옆에서 소리 지르며 배를 흔들고 있다.

GIULIA   Ercole! **Cosa stai pensando, eh?!**

줄리아   에콜레! 도대체 무슨 생각으로 그러는 거야, 어?!

Ercole's sweater has fallen into the water. This now **occupies** 100% of his attention.

에콜레의 스웨터가 물에 빠진다. 이제 에콜레의 관심은 온통 이것에 집중되어 있다.

ERCOLE   Ma sei matta, Giulia! It is wool! It cannot get wet! Ciccio, make it dry, subito!

에콜레   미쳤어, 줄리아! 이건 울이야! 물에 젖으면 안 된다고! 치초, 이거 말려봐, 당장!

While Ercole is **distracted**, Luca pulls Alberto on board. Then hastily throws a tarp over him before Giulia, also **clambering** on board, can see anything—

에콜레가 한눈파는 사이 루카가 알베르토를 배 위로 끌어 올린다. 그리고 배 위로 올라오는 줄리아가 보기 전에 재빨리 방수포로 그를 덮는다—

GIULIA   Luca? Alberto? Are you okay?

줄리아   루카? 알베르토? 괜찮아?

LUCA   Um…

루카   음…

ALBERTO   We're good! Good, good, good.

알베르토   어 괜찮아! 괜찮고말고.

바로 이 장면!*

GIULIA   Well, I think that's enough training for today.

줄리아   자, 오늘 훈련은 여기까지 하는 게 좋겠어.

LUCA   Yeah! **Agreed!**[1]

루카   맞아! 그게 좋겠어!

ALBERTO   Yup!

알베르토   그래!

As the kids begin to row home, Ercole notices them–

아이들이 노를 저으며 돌아가려고 하자 에콜레가 이를 보고 –

ERCOLE   BAHH! Ciccio! The motor! They are slowly getting away!

에콜레   야! 치초! 시동 걸어! 쟤네 슬금슬금 도망가잖아!

Ciccio **fumbles** with the motor.

치초가 더듬거리며 시동을 제대로 걸지 못한다.

---

squint 눈을 가늘게 뜨고 보다

topple 넘어지다

Cosa stai pensando (이태리어) 왜 그러는 거야

occupy 차지하다

distracted 산만해진

clamber 올라오다

fumble 더듬거리다

[1] **Agreed!**
그게 좋겠어!
상대방의 말에 동의한다는 뜻으로 하는 말이에요. Agree!가 아니라 Agreed!라고 쓴다는 것에 유의하세요.

ERCOLE Guido! Slap Ciccio! Per mille sardine! With **contempt**!

에콜레 귀도! 치초를 때려! 맙소사! 정말 경멸하면서!

EXT. PORTOROSSO – PIAZZA – DAY
Lorenzo and Daniela's search for Luca is not going so well, either. Daniela pulls the hat off a kid. Nope. Not her son. A SOCCER BALL rolls to Daniela, from the kids playing **nearby**.

실외. 포르토로소 – 광장 – 낮
로렌초와 다니엘라의 루카 찾기 역시 제대로 되지 않는다. 다니엘라가 한 아이의 모자를 들어 올린다. 아니다. 그녀의 아들이 아니다. 축구공이 다니엘라에게 굴러온다. 근처에서 축구하는 아이들이 찬 것이다.

SOCCER KID #1 Hey! **La palla!**

축구하는 아이1 저기요! 공이요!

SOCCER KID #2 Kick it!

축구하는 아이2 차 주세요!

Daniela KICKS it. She is pretty strong. It **knocks** a kid into the fountain.

공을 차는 다니엘라. 너무 힘이 강해서 한 아이를 분수대에 빠뜨린다.

DANIELA I have an idea.

다니엘라 좋은 수가 있어.

LORENZO Uh. Honey?!

로렌초 어. 여보?!

DANIELA Hey guys! Can I play too?!

다니엘라 얘들아! 나도 해도 될까?!

A kid with the ball tries to **JUKE** her out. She instead **deftly** steals the ball and **HIP-CHECKS** him into the fountain.

공을 가진 아이가 다니엘라에게 속임 동작을 하려고 하지만 그녀가 재빨리 공을 가로채고 엉덩이로 그 아이를 세게 밀어 분수대에 빠뜨린다.

DANIELA Oops! Sorry. I'm not used to legs.

다니엘라 어머! 미안. 아직 다리에 적응이 안 돼서.

LORENZO (**catching on**) Ohhhhhhhh. Okay.

로렌초 (상황 파악하고) 오오오오. 좋았어.

SOCCER KID #3 **PRENDILA!** GET THE BALL!

축구하는 아이3 뺏어! 공 뺏으라고!

DANIELA Come and get it.

다니엘라 와서 뺏어 보시지.

Another kid approaches Daniela, who now has the ball. She deftly sidesteps and the second kid, too, TUMBLES into the fountain. She DRIBBLES through a few more kids, **TRIPPING**, CHECKING, JUKING them all into the fountain– Where Lorenzo checks to see if they're Luca–

또 다른 아이가 공을 가진 다니엘라에게 접근해 온다. 그녀가 재빨리 피하는데 두 번째 아이도 분수대 안으로 넘어진다. 아이들 사이를 드리블로 제치면서 다리를 걸고, 몸싸움하고, 속임 동작하며 모든 애들을 분수대로 집어넣는다. 로렌초는 분수대에서 루카가 있는지를 확인한다.

---

contempt 경멸

nearby 근처

la palla (이태리어) 공

knock 부딪치다. ~을 넘어뜨리다

juke 상대를 속이다

deftly 재빨리

hip check 히프 체크 (아이스하키에서 엉덩이로 상대방을 막아서는 바디체크)

catch on 상황을 이해하다

Prendila (이태리어) 뺏어! (= Get the ball!)

tumble 넘어지다

trip 다리를 걸다

LORENZO (**muttering**) Not our kid. Not our kid.

Daniela approaches the goal, **takes a shot**, but skies the ball instead– knocking a watering can out of a neighbor's hand– and **drenching** the kid below. Daniela CELEBRATES by **hurling** another kid into the fountain.

SOCCER KID #4 Eh, vai!

DANIELA Ha-ha! (**out of breath**) Let's see Bianca Branzino do THAT! (dolphin impression) ECK ECK ECK ECK ECK ECK.

NEAR THE PESCHERIA: Luca HEARS his mother's **distinct** DOLPHIN CALL. He looks over and sees two adults who look like the human versions of his parents over by the fountain. Uh oh. He gets into the yard after Giulia and Alberto.

GIULIA Good effort, team. You've earned your pasta tonight.

ALBERTO (**desperate**) Can I please eat with my hands.

–as the parents regroup, still having not found their son.

DANIELA Where could he be?

LORENZO **Well at least you won!**❶ ...I think!

DANIELA Yeah, I guess I did. Come on. We just gotta keep looking.

로렌초 (중얼거리며) 우리 애가 아니네. 얘도 아니야.

골대로 접근하는 다니엘라. 슛하는데 공이 공중으로 크게 솟구치더니 이웃 주민의 손에 있는 물뿌리개를 쳐서 그 아래에 서 있던 아이를 홀딱 젖게 한다. 또 다른 아이를 분수대에 집어 던지고 다니엘라는 크게 환호한다.

축구하는 아이4 좋았어!

다니엘라 하하! (숨을 헐떡이며) 비앙카 브란치노는 이런 거 못할걸! (돌고래 흉내를 내며) 엑엑엑엑엑엑.

생선 가게 근처: 루카가 엄마 특유의 돌고래 울음 소리를 듣는다. 고개를 돌리니 분수대 근처에서 부모님을 닮은 인간 두 명의 모습이 보인다. 이런. 루카는 줄리아와 알베르토를 따라 마당으로 들어간다.

줄리아 잘했어, 팀원들. 오늘 파스타 먹을 자격 있어.

알베르토 (간절하게) 제발 손으로 먹으면 안 될까?

–아빠와 엄마가 다시 모이는데. 아직도 아들은 찾지 못했다.

다니엘라 얘가 어딜 갔을까?

로렌초 그래도 당신이 이겼네! …내 생각엔!

다니엘라 응. 그런 것 같네. 자 계속 찾으러 다니자고.

---

mutter 중얼거리다
take a shot 슛을 하다
drench 흠뻑 젖게 하다
hurl 던지다
out of breath 숨을 헐떡이는
distinct 특유의
desperate 간절한

❶ **Well at least you won!**
그래도 당신이 이겼잖아!
루카를 찾지 못해서 심란한 다니엘라를 로렌초가 위로하고 있어요. 이렇게 상대방에게 위로를 건넬 때 사용하는 at least는 '다른 건 몰라도', '그래도'라는 의미랍니다.

PORTOROSSO CUP
TRATTORIA

DISNEY · PIXAR
LUCA

I Know How You Feel, Giulia

네가 어떤 기분인지 알아, 줄리아

🎧 19.mp3

EXT. GIULIA'S TREEHOUSE – EVENING
Luca and Alberto **confer** in the treehouse.

실외. 줄리아의 나무 위의 집 – 저녁
루카와 알베르토가 나무 위의 집에 무언가 상의하고 있다.

바로 이장면!

LUCA Uh, Alberto? I think I might've seen my parents.

루카 어. 알베르토? 내가 우리 부모님을 본 것 같아.

ALBERTO No way. I told you, they're not coming here.

알베르토 말도 안 돼. 내가 말했지, 그분들은 여기에 오지 않는다고.

Luca doesn't know how to push past Alberto's **dismissiveness**.

루카는 알베르토의 오만함을 꺾을 수는 없다.

LUCA But what if they did? They're gonna send me to the deep!

루카 하지만 정말 오셨으면 어떻게 하지? 날 바다 깊은 곳으로 보내실 거야!

ALBERTO Listen, relax! **It's never gonna happen.** ❶

알베르토 자. 진정해! 절대 그런 일은 없을 테니까.

Giulia arrives.

줄리아가 들어온다.

GIULIA (**determinedly positive**) All right, boys. Pretty good today, but let's talk technique—

줄리아 (매우 긍정적으로) 좋아, 친구들. 오늘 아주 잘했어. 이제 기술 이야기를 좀 해야–

Massimo arrives, too.

마시모도 함께 한다.

MASSIMO Hey, ragazzi! I need some help with the nets.

마시모 얘들아! 그물 손질을 도와줘.

MASSIMO (looking to Alberto) You! The big strong one. **Andiamo**.

마시모 (알베르토를 보고) 너! 덩치 큰 애. 가자.

Alberto is **reluctant** to leave. But he does like being the big strong one.

알베르토는 별로 가고 싶지 않지만 덩치 큰 애라고 불려서 기분이 좋다.

---

confer 상의하다
dismissiveness 오만함, 무시함
determinedly 단호히
positive 긍정적인
Andiamo (이태리어) 어서, 가자 (= Let's go)
reluctant ~하고 싶지 않은

❶ **It's never gonna happen.**
절대 그런 일은 없을 테니까.
상대방이 말하는 일 따위는 절대로 일어나지 않을 거라고 확신하는 말이에요. It'll never happen. 역시 같은 의미로 자주 쓰는 표현이에요.

ALBERTO I'll be right back.

Alberto exits with Massimo, leaving Luca and Giulia. She sees he's **rattled**, and **ventures to comfort** him.

GIULIA Hey. We're gonna win. And you'll get your Vespa.... Why do you want a Vespa again?

LUCA Oh, because it'll be amazing. Every day me and Alberto are gonna ride someplace new. And every night we'll sleep under the fish.

He **indicates** the STARS that are starting to **come out**. Giulia is **thrown for a loop**. She decides to just **go with** it.

GIULIA The, uh... fish. Good.

LUCA How about you? What'll you do when you win?

GIULIA Ohoho. I'll get up in front of everyone and say, "TOLD you I'd win!"

LUCA Yeah! (beat) And then what?

GIULIA Well, that's it! Look. During school, I live with my mamma in Genova. And every summer, I come here, and everyone thinks I'm just some **weird** kid who doesn't belong.

This really lands with Luca.

LUCA **I think I know how you feel.** [1]

알베르토 곧 올게.

알베르토는 루카와 줄리아를 두고 마시모와 함께 나간다. 줄리아는 루카가 긴장한 것을 알고 편안하게 해 주려고 한다.

줄리아 이봐. 우린 우승할 거야. 넌 베스파를 갖게 될 거고… 베스파를 왜 갖고 싶다고 했지?

루카 오, 정말 멋질 거야. 매일 나와 알베르토는 새로운 곳으로 베스파를 타고 갈 거야. 그리고 매일 밤 물고기들 밑에서 잠을 자는 거지.

루카는 밤하늘에 보이기 시작하는 별들을 가리킨다. 줄리아는 깜짝 놀란다. 하지만 루카의 말에 장단을 맞추려고 한다.

줄리아 어… 물고기들. 좋아.

루카 넌 어때? 우승하면 넌 뭘 할 거니?

줄리아 오호호. 사람들 앞에서 말할거야. "내가 이긴다고 했지!"

루카 좋아! (정적) 그러고는?

줄리아 어. 그게 다야! 이봐. 난 학기 중에는 제노바에서 엄마랑 살아. 그리고 여름에는 여기에 오지. 그래서 다들 내가 외지에서 온 이상한 아이라고 생각해.

이 말을 듣고 루카가 생각한다.

루카 네가 어떤 기분인지 알 것 같아.

---

rattled 긴장한

venture to 조심스럽게 ~하다

comfort 편안하게 해 주다

indicate 가리키다, 보여 주다

come out 출현하다, 나오다

thrown for a loop 놀란

go with ~에 맞추어 주다

weird 이상한

[1] **I think I know how you feel.**
네가 어떤 기분인지 알 것 같아.
'네가 어떤 기분인지 알아'라며 상대방을 위로하고 싶을 때는 I know how you feel.이라고 해 주세요. I've been there. 역시 비슷한 의미로 위로하는 표현인데 '나도 비슷한 일을 겪어 봤어'라는 뜻이에요.

GIULIA	Right?! That's why we gotta win!! The town will **cheer** our names– (a little too excited) ERCOLE'S LIFE WILL BE **RUINED**. (**stopping herself**) Sorry. Too much? My mom says sometimes I'm too much.
LUCA	No way! Not for me.
GIULIA	(**chuckles**) You know those aren't fish, right?
LUCA	Of course they are! Alberto told me all about it.
GIULIA	Come with me.

줄리아 그렇지?! 그래서 우리가 우승해야 한다니까!! 마을 사람들이 우리 이름을 크게 외칠 거고 (흥분해서) 에콜레는 망하는 거지. (말을 멈추고) 미안. 너무 오버했니? 엄마는 내가 가끔 너무 오버한다고 하시지.

루카 절대 아니야! 난 그렇게 생각 안 해.

줄리아 (웃으며) 저게 물고기가 아니라는 거 알고 있지. 그렇지?

루카 당연히 물고기지! 알베르토가 다 설명해 줬어.

줄리아 따라 와.

---

cheer 외치다
ruin 망치다, 끝내다
stop oneself 자제하다
chuckle 싱긋 웃다

Stars Are Not Fish!

별돌은 물고기가 아니야!

🎧 20.mp3

EXT. ROOFTOPS – MOMENTS LATER
Luca follows Giulia up onto the roof and across PORTOROSSO'S BEAUTIFUL ROOFSCAPE. A night **stroll** above a lovely **sleepy** little town. They finally arrive at a little balcony. Giulia uncovers a **TELESCOPE** and makes **adjustments**–

실외. 옥상 – 잠시 후
루카가 줄리아를 따라 지붕 위로 올라가 포르토로소의 아름다운 지붕 위 풍경을 지나간다. 사랑스럽게 잠을 자는 작은 마을 위로 아이들은 밤 산책을 한다. 그들은 마침내 작은 발코니에 도착한다. 줄리아가 망원경을 꺼내고 조정한다.

GIULIA   This is a telescope. Old Man Bernardi lets me use it. It makes **faraway** things seem close. Look.

줄리아   이건 망원경이야. 베르나르디 할아버지가 쓰는 걸 허락하셨어. 멀리 있는 걸 가까이 보이게 해 줘. 봐.

She hands it over to Luca–who looks through it– AT A **GALAXY**.

그녀가 루카에게 망원경을 내주고 루카는 무언가를 관찰하는데 – 바로 은하계이다.

LUCA   WHOA.

루카   와.

GIULIA   See any fish?

줄리아   물고기가 보이니?

LUCA   Then what are all those?!

루카   그럼 저것들은 다 뭐야?!

GIULIA   Stars. Like the sun. Giant, **raging** balls of fire!

줄리아   별이야. 태양처럼 거대하고 뜨거운 불덩어리들이지!

LUCA   (to himself, realizing) Alberto was wrong.

루카   (혼잣말로, 깨달으며) 알베르토가 틀렸군.

GIULIA   And stars are **circled** by **planets**.

줄리아   그리고 별 주위를 행성들이 돌고 있지.

Through the TELESCOPE, she shows him **SATURN**.

망원경으로 줄리아는 토성을 보여준다.

바로 이 장면!

GIULIA   Look. That's Saturno. It's my favorite. (**geeking out** hard) It's the **lightest** of the planets. They say if there was an ocean big enough to hold it, it would float in it.

줄리아   봐. 저건 토성이야. 내가 제일 좋아하는 별이지. (덕후의 면모를 보이며) 행성 중에서 가장 가벼워. 저 별을 담을 수 있을 정도로 큰 바다가 있으면 그 위에 뜰 거래.

---

stroll 산책
sleepy 잠을 자는
telescope 망원경
adjustment 조정
faraway 멀리 있는
galaxy 은하계
raging 격렬한
circle 돌다

planet 행성
Saturn 토성
geek out 공부밖에 모르다, 괴짜 같은 행동을 하다
light 가벼운 (최상급; lightest)

LUCA   Whoa.

BEGIN IMAGINATION SEQUENCE: Luca runs on the ring around SATURN– Giulia FLIES by on a DA VINCI FLYING MACHINE– Luca joins her on a second one– PILOTS his way through the STARS and above ROMAN **RUINS**. They fly over PINOCCHIO, on his way to school.

GIULIA   Come on, Luca!

INT. GIULIA'S ROOM – NIGHT
PULL OUT FROM IMAGINATION to: Luca is **utterly absorbed** in Giulia's SCHOOLBOOKS– that's what's been **firing** his **imagination** this whole time. He is **electrified**, **peppering** her **with questions**.

LUCA   So this is how machines fly?

GIULIA   Sì.

LUCA   And there are big towns called cities?

GIULIA   Sì!

LUCA   Like even bigger than Portorosso?

GIULIA   Like Genova! **Literally** twenty times bigger!

LUCA   (back to the space book) And we're all on a big round rock, floating around a star, in the… "solar system"?

GIULIA   So cool, right?!

Luca **pages through** excitedly–the UNIVERSE gets BIGGER and BIGGER before his eyes as he asks her–

루카 와우.

상상 장면 시작: 루카가 토성의 고리 위를 달리고 줄리아는 레오나르도 다빈치의 비행기를 타고 날고 있다. 루카가 또 다른 비행기를 타고 그녀를 따라가다가 별들을 지나 로마의 유적지 위를 날아간다. 그들은 학교에 가는 피노키오 위를 난다.

줄리아 어서 와, 루카!

실내. 줄리아의 방 – 밤
상상 장면에서 벗어난다: 루카는 줄리아의 교과서에 완전히 빠져드는데, 지금까지 그의 상상은 이것에서 시작된 것이다. 흥분한 루카는 줄리아에게 질문 세례를 퍼붓는다.

루카 그리고 기계가 이렇게 날아다닌다고?

줄리아 맞아.

루카 그리고 도시라는 거대한 마을도 있고?

줄리아 그래!

루카 포르토로소보다 훨씬 큰 거야?

줄리아 제노바 같은 곳이지! 정확히 20배는 더 케!

루카 (우주에 관한 책을 다시 보며) 그리고 우리는 거대한 둥근 바위에서 살고 있는데, 별 주위를 돌고 있고, "태양계" 속에서 말이지?

줄리아 멋지지, 그렇지?!

루카는 흥분해서 책장을 넘긴다 – 줄리아에게 질문하면서 그의 눈앞에 우주가 점점 더 커진다.

---

ruins 폐허, 유적지

utterly 완전히

absorbed 몰두한

fire 불을 붙이다

imagination 상상

electrified 흥분한

pepper ~ with questions 질문을 퍼붓다

Si (이태리어) 그래

literally 그야말로, 정말

solar system 태양계

pages through (책의) 페이지를 넘기다, 읽다

LUCA	And is there anything **beyond** the solar system?	루카	태양계를 넘어서 또 뭐가 있어?
GIULIA	Only a galaxy FULL of solar systems!	줄리아	태양계로 가득한 은하가 있지!
LUCA	Then what?!	루카	그리고 또?!

GIULIA	A universe FULL of galaxies!!	줄리아	은하로 가득한 우주가 있고!!
LUCA	AND THEN WHAT?!	루카	그다음에는?!
GIULIA	And THEN... (beat, realizing) ...I don't know. But next year in **Advanced Astronomy** I'm gonna use my school's telescope. So maybe I'll find out! That thing's **HUGE**. I wish I could show it to you.	줄리아	그다음에는… (정적, 깨달으며) …나도 몰라. 하지만 내년 심화 천문학에서 학교 망원경을 사용할 거야. 그러면 알게 되겠지! 그건 정말 크거든. 너한테 보여 줄 수 있으면 좋겠다.
LUCA	JUST PROMISE YOU'LL TELL ME EVERYTHING YOU SEE!! (**catching himself**) Sorry. Too much?	루카	네가 보는 걸 다 말해 주겠다고 약속해!! (말을 멈추고) 미안. 너무 오버했지?
GIULIA	(**overjoyed**) Never.	줄리아	(기뻐하며) 전혀.
They're interrupted–			그들이 대화를 멈추는데–
ALBERTO	(in the window) Hey, Luca! **I've been looking everywhere for you.**❶	알베르토	(창문에서) 이봐, 루카! 한참 찾아다녔잖아.
LUCA	Oh! Sorry.	루카	오! 미안.
ALBERTO	Come on, let's go.	알베르토	자, 가자.
Luca turns to Giulia, **clutching** the book.			루카가 책을 꼭 쥐고 줄리아를 돌아본다.
LUCA	Could I maybe... borrow this? Just for tonight.	루카	혹시… 이거 빌려 가도 될까? 오늘 밤만.

---

beyond 넘어서

advanced 심화 과정의

astronomy 천문학

huge 큰

catch oneself 하던 말을 멈추다

overjoyed 매우 기쁜

clutch 꼭 쥐다

❶ **I've been looking everywhere for you.**
한참 찾아다녔잖아.
애타게 찾고 있던 상대방을 만나서 살짝 원망하며 하는 말이에요. 앞에서 배운 Where have you been? (어디에 있었니?) 와 함께 짝꿍처럼 사용하는 표현이죠.

Giulia opens the book, **CROSSES OUT** her name, and writes "Luca" on the first page.

줄리아가 책을 펼치더니 자기 이름을 지우고 첫 페이지에 "루카"라고 쓴다.

GIULIA You can have it. The universe is literally yours!!

줄리아 너 가져. 이제 우주는 완전 네 거야!!

LUCA (blown away) Wow. Thank you!!

루카 (몹시 흥분하며) 와. 고마워!!

ALBERTO (irritably) Luca!!

알베르토 (짜증내며) 루카!

---

cross out 선을 그어 지우다
blown away 몹시 흥분하는
irritably 짜증내듯, 신경질적인

The First Conflict Between the Boys
아이돌의 최초 갈등

🎧 21.mp3

EXT. PORTOROSSO STREETS – NIGHT
Alberto **leads** Luca through the nighttime **alleyways** to a **destination** of his own.

LUCA Where are we going?

ALBERTO Come on. **I got something to show you.**❶

Luca is still **buzzing** with excitement.

LUCA Alberto, you won't believe this– (pointing to the sky) Those aren't fish!

ALBERTO What?

LUCA Yeah! Giulia **explained** it to me. They're fires. But like a million times bigger–

ALBERTO (**dismissively**) Uh, no, they're not.

EXT. MECHANIC'S GARAGE
They arrive outside the MECHANIC'S GARAGE and look in the window at the **beat-up** VESPA they want to buy, the FOR SALE sign still on it. Alberto slaps a drawing on the window–

ALBERTO (sighs) Soon you'll be ours, sweet Vespa. Take a look. I thought of every single thing we're gonna need. Also I added **flames**.

LUCA That's so cool. (realizing) Oh. And we can bring a telescope too!

Luca draws a TELESCOPE on Alberto's drawing.

실외. 포로토로소 거리 – 밤
알베르토는 루카를 데리고 골목길을 지나 자신이 생각해 둔 곳으로 가고 있다.

루카 우리 어디에 가는 거야?

알베르토 어서. 보여 줄 게 있어.

루카는 흥분을 감추지 못하고 있다.

루카 알베르토, 정말 믿을 수 없겠지만– (하늘을 가리키며) 저건 물고기가 아니야!

알베르토 뭐라고?

루카 그래! 줄리아가 나한테 설명해 줬어. 저건 불덩이야. 백만 배 더 큰 건데–

알베르토 (루카의 말을 무시하며) 어. 아니야. 그렇지 않아.

실외. 차량 정비소
아이들은 차량 정비소 앞에 도착해서 사고 싶어 하는 낡은 베스파를 창문으로 바라본다. '판매 중' 표시가 붙어 있다. 알베르토는 창문에 베스파 그림을 갖다 댄다.

알베르토 (한숨 쉬며) 조만간 넌 우리 것이 될 거야. 예쁜 베스파. 잘 봐. 우리가 필요한 것들을 다 생각해 봤어. 그리고 불꽃도 첨가했지.

루카 정말 멋지다. (뭔가 생각난 듯) 오. 망원경도 가지고 가자!

루카가 알베르토의 그림에 망원경을 그린다.

---

lead 데리고 가다
alleyway 골목길
destination 목적지
buzz 활기가 넘치다
explain 설명하다
dismissively 무시하며
beat-up 낡은
flame 불꽃

❶ **I got something to show you.**
보여 줄 게 있어.
깜짝 이벤트를 준비하는 분들은 이 표현을 꼭 알아 두세요. '보여 줄 게 있어'라는 뜻으로 무언가를 보여 주기 전에 마음의 준비를 시키며 하는 말이에요. 이 말 뒤에는 I want you to close your eyes. (눈을 감아 봐.)라고 하는 것도 잊지 마세요.

ALBERTO YEAH! That shoots **lightning**!

Alberto adds LIGHTNING coming out of the telescope. Luca ERASES Alberto's lightning, to Alberto's **irritation**.

LUCA No, no, no. You look through it. Giulia says there's an even bigger one at her school.

Luca stops. Getting a BIG IDEA:

LUCA Wait! What if we visit her there?

ALBERTO Why would you want to do that?

LUCA It... kinda sounds interesting?

ALBERTO The whole reason we're getting a Vespa is to live **on our own**! We don't need school! We don't need anybody!

LUCA Couldn't we just try it? Just for a few days...?

ALBERTO Luca, sea monsters can't go to school! What do you think is gonna happen when they see your fish-face?

Luca is **deflated**. But before he can reply: **THUNK**! Ercole's harpoon **SLAMS** into a nearby SEA MONSTER **RELIEF**. Ercole, Ciccio, and Guido saunter towards our boys—

바로 이장면!*

ERCOLE Hey. Look who it is. And with no Giulia to **hide behind**.

Luca is **nervous** but Alberto **insists** on **standing their ground**.

LUCA C'mon, let's go—

알베르토 그래! 거기서 번개가 뿜어져 나오는 거지!

알베르토는 망원경에서 번개가 뿜어져 나오는 모습을 그린다. 루카는 알베르토가 그린 번개를 지우는데 알베르토는 이에 짜증이 난다.

루카 아니, 아니, 아니야. 이걸 통해 보는 거야. 줄리아 학교에 이거보다 훨씬 큰 게 있대.

루카가 말을 멈춘다. 더 좋은 생각이 떠오른다:

루카 잠깐! 걔가 있는 곳을 가보는 건 어때?

알베르토 왜 그러고 싶은 건데?

루카 그냥… 재미있지 않겠어?

알베르토 우리가 베스파를 가지려는 진짜 이유는 우리끼리 살려고 그러는 거야! 우린 학교가 필요 없어! 아무도 필요 없다고!

루카 한번 해 보면 안 될까? 며칠이라도…?

알베르토 루카, 바다 괴물들은 학교에 갈 수 없어! 사람들이 네 물고기 얼굴을 보면 어떻게 될까?

루카는 기가 꺾인다. 그가 대답하기도 전에: 탁! 에콜레의 작살이 옆에 있는 바다 괴물 부조 작품에 꽂힌다. 에콜레, 치초, 귀도가 아이들을 향해 천천히 다가온다—

에콜레 어라. 이게 누구신가. 너희를 숨겨 줄 수 있는 줄리아도 없네.

루카는 긴장하지만 알베르토는 도망가지 않고 맞서려고 한다.

루카 어서, 가자–

---

lightning 번개

irritation 짜증

on one's own 혼자서

deflated 풀이 죽은

thunk 푹, 탁 소리

slam 쾅 박히다

relief 부조 작품

hide behind 몸을 숨기다

nervous 긴장하다

insist 고집하다, 주장하다

stand one's ground 맞서다, 버티다

ALBERTO No.	알베르토 싫어.
ERCOLE **Something's fishy with you two.**[1] I mean besides the smell. You're hiding something.	에콜레 너희 좀 이상해. 냄새도 그렇지만. 뭐 숨기는 게 있어.
ALBERTO Is it... that we're smarter than you? I mean, we're not really HIDING that, it's just kinda **obvious**.	알베르토 우리가… 너보다 더 똑똑하다는 거? 내 말은, 그건 숨기지도 않아. 딱 보면 알 수 있으니까.
ERCOLE You know, people think I'm a nice guy. Always joking around.	에콜레 이봐, 사람들은 내가 좋은 애라고 생각하지. 항상 농담이나 하고 다니니까.
Ercole SHOVES Alberto against a wall.	에콜레가 알베르토를 벽으로 밀친다.
ERCOLE But really, I'm not.	에콜레 하지만 실제로 난 그렇지 않아.
Ciccio and Guido keep Alberto **PINNED** to the wall.	치초와 귀도가 알베르토를 벽에 계속 잡아둔다.
LUCA STOP!	루카 그만해!
Ercole SHOVES Luca to the ground.	에콜레가 루카를 바닥에 밀쳐서 쓰러뜨린다.
ERCOLE Wait your **turn**, Piccoletto. (to Alberto) I want to make myself very clear. This is my town, number one.	에콜레 너는 좀 있다 손봐 줄게, 꼬마야. (알베르토에게) 내 말 잘 들어. 첫째, 여긴 우리 마을이야.
He **SOCKS** Alberto in the **stomach**.	그가 알베르토의 배를 세게 가격한다.
ERCOLE —and number two, I DON'T WANT YOU IN IT.	에콜레 –둘째, 난 너희가 여기에 있는 게 싫어.
LUCA I said STOP!	루카 그만하라고 했어!
They turn. Luca, TREMBLING, is AIMING THE HARPOON at Ercole. Ercole **smirks**. He takes a step toward Luca.	그들이 고개를 돌린다. 루카가 몸을 떨면서 에콜레를 향해 작살을 겨누고 있다. 에콜레가 능글맞게 웃으며 루카를 향해 한 발 다가온다.
ERCOLE (**disdainful**) Put that down, Piccoletto. You'll hurt yourself.	에콜레 (무시하는 말투로) 내려놔, 꼬마야. 다친다.

---

fishy 의심스러운

obvious 명백한

pin 박다, 잡아두다

turn 차례

sock 세게 때리다

stomach 복부, 위

smirk 비웃다

disdainful 무시하는

[1] **Something's fishy with you two.**
너희 좀 이상해.
Something's fishy with ~는 '~가 수상한 것 같아'라는 뜻으로 어떤 대상에 대해 의심을 품고 말할 때 쓰는 표현이에요. 또한 fishy는 '생선 비린내가 나는'이란 뜻도 있는데 바다 괴물인 아이들에게 의도적으로 쓴 말일 수도 있겠네요.

LUCA   (terrified) Let him go.

루카 (두려워하며) 그를 놔 줘.

Ciccio and Guido release Alberto.

치초와 귀도가 알베르토를 풀어 준다.

ERCOLE   Go. NOW. Before I change my mind.

에콜레 가. 당장. 내 마음이 바뀌기 전에.

Luca throws the harpoon down, Luca and Alberto **back away**–then **break into a RUN**.

루카는 작살을 바닥에 던지고, 루카와 알베르토가 뒤로 물러서더니 도망간다.

ERCOLE   (calling after them) Nobody wants you here, idioti! Keep running!

에콜레 (그들을 향해 소리치며) 여기 사람들은 너희를 원하지 않아. 멍청이들아! 계속 뛰라고!

EXT. OUTSIDE MASSIMO'S HOME – NIGHT
At the door to Giulia's backyard—

실외. 마시모의 집 밖 – 밤
줄리아의 뒷마당 문 앞에서–

LUCA   Why did you make him mad? We should have left!

루카 왜 걔를 화나게 한 거야? 그냥 갔어야지!

But Alberto again is **in absolute denial** of reality.

하지만 알베르토는 또다시 현실을 부정하려 한다.

ALBERTO   No, no, no. We're fine! **I had it under control.**❶ All you gotta do is follow my lead, remember?

알베르토 아니 아니. 우린 괜찮아! 내가 다 알아서 해결했잖아. 넌 그냥 나만 따라오면 돼, 알지?

He heads into the backyard before Luca can respond.

알베르토는 루카가 무슨 말을 하기도 전에 뒷마당으로 들어간다.

EXT. GIULIA'S TREEHOUSE – NEXT MORNING
The boys are **DEAD ASLEEP**. Giulia does her **patented** TRUMPET IMITATION—

외부. 줄리아의 나무 위의 집 – 다음 날 아침
아이들은 깊은 잠에 빠져 있다. 줄리아가 자신의 트레이드 마크인 트럼펫 흉내를 낸다.

GIULIA   Papapparapaa pappaparapaaa! Rise and shine!

줄리아 빠빠빠라빠 빠빠빠라빠아! 일어나세요!

The boys are **JOLTED** upright into **wakefulness**: BEGIN TRAINING MONTAGE, AS THE DAYS COUNT DOWN TO THE RACE—

아이들이 갑자기 벌떡 일어나 잠에서 깬다: 훈련 장면 몽타주 화면이 시작되는데 경기 시작까지 며칠 남지 않았다.

---

back away 뒤로 물러서다

break into a run 갑자기 뛰어가다

in denial 무시하며

absolute 절대적인

dead asleep 잠에 빠져 있는

patented 독창적인

jolt 갑자기 움직이다

wakefulness 잠에서 깸

❶ **I had it under control.**
내가 다 알아서 해결했잖아.

have ~ under control은 '~를 해결하다', '~를 제대로 통제하다'라는 뜻이에요. 이 대사는 상대방을 안심시키며 자신 있게 '내가 해결했어'라는 뜻으로 하는 말이에요.

Disney · PIXAR
LUCA

My Parents Are Here!
우리 부모님이 여기 오셨어!

🎧 22.mp3

INT. MASSIMO'S KITCHEN
Alberto **struggles with** the fork.

GIULIA Go, go! Go, Alberto! Go!

EXT. STREETS OF PORTOROSSO
Luca pedals uphill, past kids eating watermelon— Who are **abruptly DRENCHED** with water balloons. Dropped by Daniela and Lorenzo, on the balcony above them.

LORENZO Nope. Whoa…

INT. MASSIMO'S KITCHEN
Luca and Alberto **placate** Machiavelli–

EXT. GIULIA'S TREEHOUSE – EARLY MORNING
The boys are dead asleep again. This time it's Massimo who wakes them up.

MASSIMO Buongiorno! Andiamo, **dai**!

EXT. MASSIMO'S FISHING BOAT – **MEANWHILE**
Massimo **pulls up** FISHING NETS one-armed; Alberto sees a SEA MONSTER-SHAPED **SHADOW** in the water.

MASSIMO Sea monster!

실내. 마시모의 부엌
알베르토가 포크 질로 고군분투한다.

줄리아 빨리, 빨리! 어서, 알베르토! 빨리 먹어!

실외. 포르토로소 거리
루카가 자전거를 타고 언덕길을 오르고 있다. 수박 먹는 아이들을 지나는데 이들이 갑자기 물풍선 폭탄을 맞고 몸이 흠뻑 젖는다. 위에 있는 발코니에서 다니엘라와 로렌초가 떨어뜨린 것이다.

로렌초 아닌가 봐. 워우…

실내. 마시모의 부엌
루카와 알베르토가 마키아벨리를 달래고 있다 –

실외. 줄리아의 나무 위의 집 – 이른 아침
아이들은 세상모르고 자고 있다. 이번에는 마시모가 그들을 깨운다.

마시모 일어나! 가자, 어서!

실외. 마시모의 낚시 배 – 잠시 후
마시모가 한 팔로 그물을 끌어 올린다; 알베르토가 물속에서 바다 괴물 형태의 그림자를 바라본다.

마시모 바다 괴물이다!

---

struggle with ~로 고생(고심)하다

abruptly 갑자기

drenched 흠뻑 젖은

placate 달래다

Dai! (이태리어) 어서 가재 (= Come on!)

meanwhile 그 동안(사이)에

pull up 끌어 올리다

shadow 그림자

Before Alberto can do anything, Massimo sees it too–he grabs his harpoon and **PLUNGES** it into the shadow–Alberto is HORRIFIED; Fortunately, when Massimo pulls the harpoon out of the water– REVEAL–it was only a **CLUMP** OF **SEAWEED**. Massimo is disappointed; Alberto, **FRAZZLED** and **TWITCHY-EYED** because he thought for a second he had just witnessed a murder, EXHALES.

EXT. PIAZZA – EVENING
LORENZO and DANIELA sneak up behind two kids eating gelato— But are **distracted** by a MONSTER MOVIE POSTER. Is that guy Ugo? That guy really looks like Ugo.

DANIELA Wha...

LORENZO Ugo?

EXT. GIULIA'S BACKYARD – MORNING
The boys, dead asleep as usual, are awoken by Giulia.

GIULIA **Rise and shine!**[1] Only two days till the race!

They are so tired they can barely move. But Giulia gets an idea.

INT. MASSIMO'S KITCHEN – MORNING
And gives the **groggy** boys two cups of...

GIULIA Espresso.

The boys sip it. And **perk** the heck **up**.

EXT. STEEP PORTOROSSO HILL – DAY
Luca BOOKS IT up the hill, as the gelato-eating kids cheer him on—

GELATO KIDS Go, Luca! Go, go!

ERCOLE (walking past) Hey! Don't cheer for him! A casa!

알베르토가 손을 쓰기 전에 마시모도 이를 발견하고 작살을 집어 들더니 그림자가 있는 곳으로 내리꽂는다. 알베르토가 질겁한다. 마시모가 작살을 물 밖으로 꺼내는데 다행히 미역 덩어리였다. 마시모는 실망한 기색이다. 초조한 눈빛으로 신경이 곤두섰던 알베르토는 안도의 한숨을 내쉰다. 직접 눈으로 살생을 목격하지 않아서 다행이다.

실외. 광장 – 저녁
로렌초와 다니엘라가 젤라또를 먹는 아이들 뒤로 조용히 다가가는데 – 바다 괴물 영화 포스터를 보고 발걸음을 멈춘다. 저거 우고 큰아빠 아닌가? 정말로 우고를 쏙 빼닮았다.

다니엘라 뭐…

로렌초 우고 형?

실외. 마시모의 뒷마당 – 아침
여느 때처럼 잠에 취해 있는 아이들. 줄리아가 이들을 깨운다.

줄리아 아침이 밝았어요! 대회까지 이틀밖에 안 남았어!

아이들은 꼼짝도 못할 만큼 너무 피곤하다. 줄리아에게 좋은 수가 생각났다.

실내. 마시모의 부엌 – 아침
피곤에 쩔은 아이들에게 두 잔을 내미는데…

줄리아 에스프레소야.

소년들, 홀짝 마신다. 그리고 갑자기 정신이 번쩍 든다.

실외. 가파른 포르토로소 언덕 – 낮
루카가 언덕 오르막을 열심히 오른다. 젤라또를 먹고 있는 아이들이 그를 응원한다.

젤라또 먹는 아이들 루카, 화이팅! 잘하고 있어!

에콜레 (지나가다가) 야! 응원하지 매! 집에나 가!

---

plunge 내리꽂다
clump 덩어리
seaweed 미역
frazzled 신경이 곤두선
twitchy-eyed 초조한 눈빛의
distract 집중을 딴 데로 돌리다
groggy 잠에 취한
perk up 활기차게 하다

❶ Rise and shine!
아침이 밝았어요!
귀엽게 잠을 깨우며 하는 말이에요. 주로 아이들을 잠에서 깨울 때 쓰는 말이랍니다. 참고로 Wake up, sleepyhead. (일어나, 잠꾸러기야) 역시 귀엽게 잠을 깨우는 말이에요.

EXT. STAIRS
Lorenzo shoots a SPRAY BOTTLE **with abandon**, failing to impress
Daniela and drenching an **infuriated bystander**.

LORENZO Ha-ha! Whoo! This is fun!

MAN (O.S.) **MA CHE FAI?!!**

INT. MASSIMO'S KITCHEN – DINNER
Alberto struggles to get TRENETTE AL PESTO onto his fork. Massimo
notices. He holds up his fork for Alberto to see. And **demonstrates**
twirling a forkful. Alberto carefully imitates Massimo... And manages
to capture a forkful of his own. Finally! He turns to Giulia and Alberto
for **approval**. But they're **preoccupied with** another stupid book.
Alberto eats, irritably. Stupid Giulia.

ALBERTO Huh. Hey!

LUCA (laughs) That's amazing!

EXT. PIAZZA – FOUNTAIN – DAY
DANIELA and LORENZO sit at the fountain, **DEFEATED**. A passing
kid recognizes them as the adults that are throwing kids into fountains,
turns, and runs away.

실외. 계단
로렌초가 분무기로 여기저기 아무렇게나 물을 뿌리는데 다니엘라는 심드렁하다. 누가 지나가다가 물을 맞고 크게 화를 낸다.

로렌초 하하! 우후! 이거 재밌군!

남자 (목소리) 뭐 하는 짓이오?!!

실내. 마시모의 부엌 – 저녁
알베르토가 포크로 트레네테 알 페스토를 집으려고 애쓰고 있다. 마시모가 이 모습을 보고 포크를 들고 알베르토에게 파스타를 돌돌 마는 시범을 보인다. 알베르토가 조심해서 마시모를 따라 하는데… 간신히 포크로 파스타를 집는 데 성공한다. 마침내 해낸 것이다! 그가 칭찬 들을 생각으로 줄리아와 루카를 돌아보는데 그 아이들은 별 도움도 안 되는 책에만 관심이 있다. 알베르토는 화가 난 듯 파스타를 먹는다. 줄리아 지가 뭔데.

알베르토 허, 이봐!

루카 (웃으며) 굉장하다!

실외. 광장 – 분수대 – 낮
다니엘라와 로렌초가 낙담한 모습으로 분수대에 앉아 있다. 한 아이가 지나가다가 아이들을 분수대에 집어 던지는 어른들임을 알아차리고 뒤를 돌아 황급히 도망간다.

바로 이 장면! *

DANIELA (sighs) I don't know, Lorenzo. Was I too hard
on him?

LORENZO No. You were just trying to keep him safe. It's my
fault. I wasn't paying enough attention to him.

DANIELA But I was the one who tried to send him away.
...**I just never in a million years would have
thought he'd do this.** ❶ It's like I don't even
know...

다니엘라 (한숨 쉬며) 로렌초, 난 잘 모르겠어. 내가 걔한테 너무 심했나?

로렌초 아니야. 걔를 보호하려고 했던 거잖아. 내 잘못이야. 내가 충분한 관심을 기울이지 않은 거지.

다니엘라 하지만 그 애를 멀리 보내려고 했던 건 나였지. …이렇게 할 거라고는 절대로 생각해 본 적도 없다고. 정말 잘 모르겠…

---

with abandon 아무렇게나

infuriated 화를 내는

bystander 행인, 구경꾼

Ma che fai? (이태리어) 뭐 하는 거요? (= What are you doing!)

demonstrate 보여 주다

approval 동의, 인정

preoccupied with ~에 몰두하는

defeated 낙담한

❶ **I just never in a million years
would have thought he'd do this.**
걔가 이렇게 할 거라고는 절대로 생각해 본 적도
없다고.

never in a million years를 말 그대로
해석하면 '백 만년이 지나도 아니다'가
되잖아요. 이 말은 '추호도 ~가 아닌', '절대로
~가 아닌'이란 뜻으로 무언가를 완강하게
부인할 때 쓴답니다.

As she is talking, a boy (Luca) passes, pedaling a bike carrying his two other friends (Giulia, Alberto)—

GIULIA **Dai forza!** You can do it, Luca!

DANIELA (eyes narrowing) ...who he... IS... LUCA?!

Luca **SPOTS** HIS PARENTS and pedals faster.

LORENZO LUCA!!!

DANIELA Luca, stop! Luca!

EXT. STREETS – DAY
Luca **furiously** pedals up a different street.

GIULIA Where are we going?

LUCA Uh... a **shortcut**!

GIULIA **Steeper**, **rough terrain**. I like it!

Alberto **rolls his eyes**. Giulia turns to him—

GIULIA Why aren't YOU training?

Alberto pulls out a **WAD** OF PASTA from his pocket and eats it.

ALBERTO (**irritably**) I'm always **training**.

다니엘라가 말하는 도중 한 소년(루카)이 친구 두 명(줄리아, 알베르토)을 뒤에 태우고 자전거를 타고 지나간다—

줄리아 힘내! 할 수 있어, 루카!

다니엘라 (눈을 가늘게 뜨며) …그 애가 누구…인지… 루카?!

루카가 부모님을 발견하고 빠르게 페달을 밟는다.

로렌초 루카!!!

다니엘라 루카, 멈춰! 루카!

실외, 거리 – 낮
루카가 평소와는 다른 골목으로 맹렬히 페달을 밟는다.

줄리아 어디로 가는 거야?

루카 어… 지름길이야!

줄리아 더 가파르고 험난한 지형이라, 좋아!

알베르토가 못마땅한 듯 눈을 굴린다. 줄리아가 그를 돌아보며 –

줄리아 넌 훈련 안 해?

알베르토가 주머니에서 파스타 뭉치를 꺼내서 먹는다.

알베르토 (짜증내며) 늘 훈련하고 있다고.

Dai forza! (이태리어) 힘내!

spot 발견하다

furiously 맹렬히

shortcut 지름길

steep 가파른

rough 거친

terrain 지형

roll one's eyes 눈을 굴리다

wad 뭉치

irritable 화가 난

training (스포츠 대회를 위한) 훈련, 교육

The Only Thing Luca Needs Is Me
루카에게 필요한 건 나라고

🎧 23.mp3

EXT. TOP OF THE HILL – DAY
They **crest** the top of the hill. Luca is **absolutely exhausted**. Giulia checks her **POCKET WATCH**.

실외. 언덕 위 – 낮
아이들이 언덕 위로 올라간다. 루카는 완전히 지쳐 있다. 줄리아가 회중시계를 확인한다.

GIULIA　　Bravo, Luca. That was your fastest yet!

줄리아　브라보, 루카. 가장 빠른 기록이야!

Below them, a TRAIN heads out of the station, up the **coast**.

아이들 아래쪽으로, 기차가 역을 출발하여 해안가를 달린다.

GIULIA　　Oh! Guys, look! That's the train to Genova.

줄리아　오! 얘들아, 저기 봐! 제노바 가는 기차야.

LUCA　　That goes to your school?

루카　저게 네 학교까지 가는 거야?

GIULIA　　Yeah!

줄리아　응!

바로 이 장면!

LUCA　　I was wondering actually... is your school open to... everyone?

루카　혹시나 궁금해서 그러는데… 너희 학교는 누구든 갈 수… 있니?

GIULIA　　Well, it costs a little money, but... I guess!

줄리아　글쎄, 돈이 좀 들긴 하지만… 그럴걸!

Alberto hates where this is going. He **takes over impatiently**.

알베르토는 이 상황이 마음에 들지 않는다. 참지 못하고 끼어든다.

ALBERTO　　Great. Thank you, Giulia, for showing us the boring thing that takes you to the **terrible** place. Now can we focus on what **matters**? If we lose this race, we're not going anywhere!

알베르토　좋아. 저 지루한 걸 타고 끔찍한 곳으로 갈 수 있다고 보여 줘서 정말 고맙네, 줄리아. 이제 정말 중요한 것에 집중해 볼까? 경기에서 지면 우린 아무 데도 못 가!

Luca holds his bike and gazes down the hill.

루카가 자전거를 꽉 붙잡고 내리막길을 내려다본다.

LUCA　　Santa Mozzarella. The **downhill**.

루카　맙소사. 내리막이야.

---

crest 정상에 오르다

absolutely 극도로, 광장히

exhausted 지친

pocket watch 회중시계

coast 해안

take over 말을 받다

impatiently 참지 못하고

terrible 끔찍한

matter 중요하다

downhill 내리막

GIULIA	I know it looks scary. But here's what you need to know.
ALBERTO	(interrupting) **Would you stop bossing him around?**❶
GIULIA	WHAT is your problem?!
ALBERTO	I'm his friend! I know what he needs!
GIULIA	Oh yeah? Then what does he need?

Alberto **straddles** the front of the bike, Luca on the back.

ALBERTO	ME. We'll just ride it like we did on the island, together. ANDIAMO!
GIULIA	No!

But Alberto has already kicked them off. They **careen** wildly down the hill, way too fast and **out of control**, **knocking** things **over**, barely staying upright—

LUCA	ALBERTO, STOP!
ALBERTO	THAT'S BRUNO TALKING!
LUCA	NO! I'M PRETTY SURE THAT'S JUST ME!

The boys **UPEND** A CHESS GAME—

CHESS PLAYER	**Disgraziati!**

Luca tries to **gain control of** the bike—

LUCA	Stop, Alberto!

줄리아　무서워 보인다는 거 알아. 하지만 이걸 알고 있어야 해.

알베르토　(끼어들며) 얘한테 이래라저래라 하지 좀 마.

줄리아　도대체 왜 그러는 거야?!

알베르토　내가 얘 친구라고! 얘가 필요한 게 뭔지 내가 잘 알아!

줄리아　오 그래? 필요한 게 뭔데?

알베르토가 자전거 앞에 올라타고 루카는 뒤에 앉는다.

알베르토　바로 나. 섬에서 했던 것처럼 타는 거야. 함께 말이지. 자 간다!

줄리아　안 돼!

그러나 알베르토는 이미 움직이기 시작했다. 내리막을 아주 거칠게 달리는데 속도가 너무 빠르고 제어도 되지 않는다. 물건을 쓰러뜨리고 자세를 바르게 할 수도 없다 —

루카　알베르토, 멈춰!

알베르토　그건 브루노의 말이야!

루카　아니야! 정말 내가 말하는 거야!

아이들이 체스판을 뒤집어 버린다—

체스 두는 사람　버릇없는 놈!

루카가 자전거를 제어하려고 한다.

루카　멈춰, 알베르토!

---

boss ~ around 이래라저래라 하다
straddle 올라타다
careen 달리다
out of control 제어할 수 없는
knock ~ over 쓰러뜨리다
upend 거꾸로 하다, 쓰러뜨리다
Disgraziati! (이태리어) 무례하긴!! (= You wretch!)
gain control of ~를 제어하다

❶ **Would you stop bossing him around?**
얘한테 이래라저래라 하지 좀 마.
boss around는 남의 일에 사사건건 개입하는 행동을 말해요. '간섭하다', '이래라저래라 명령하다'라는 해석이 어울리는 표현인데 me, him, us 등의 사람과 관련된 대명사를 쓸 때는 boss와 around 사이에 넣어 주세요.

ALBERTO Let it go!

LUCA Look out!!

In their struggle, they go over a **guard rail** and SAIL OFF A CLIFF, into the sea.

EXT. HARBOR
Around the **PROMONTORY**, Ercole hears SCREAMS and a big **SPLASH**. He jumps to his feet.

ERCOLE **Porca paletta!** What was that?!

CICCIO Huh?

ERCOLE Bah! Not now, Ciccio! **Eyes on the water!**❶ Move, move!

GUIDO Okay.

EXT. UNDERWATER – MEANWHILE
Down in the water, Luca and Alberto can **distantly** hear and see Giulia high above them, **calling out** worriedly—

GIULIA Luca?! Alberto?!

LUCA She'll see us– come on!

Luca furiously swims off. Alberto follows him–

알베르토 냅 둬!

루카 조심해!!

아이들이 버둥거리다가 가드레일을 넘어 절벽 위를 날아오르더니 결국 바닷속으로 빠진다.

실외. 부둣가
곶 근처에 있던 에콜레가 비명과 큰 풍덩 소리를 듣는다. 그가 급하게 일어선다.

에콜레 세상에! 뭐였지?!

치초 허?

에콜레 으휴! 지금 말고, 치초! 바다나 잘 봐! 어서, 움직여!

귀도 알았어.

실외. 바닷속 – 잠시 후
물속에서 루카와 알베르토는 멀리서 줄리아의 목소리를 듣는다. 육지에서 걱정스럽게 이들을 찾고 있는 줄리아를 바라본다.

줄리아 루카?! 알베르토?!

루카 들키겠다 – 어서!

루카는 화가 난 듯 헤엄치며 그 자리를 떠난다. 알베르토가 그를 따른다 –

---

guard rail 가드레일, 철책
promontory 곶 (바다 쪽으로 뻗은 육지)
splash 풍덩하는 소리
Porca paletta! (이태리어) 세상에! (Pork shovel! = Oh my goodness!)
distantly 멀리서
call out 큰 소리로 부르다

❶ **Eyes on the water!**
바다나 잘 봐!
keep an eye on ~은 '~를 주시하다', '자세히 관찰하다'라는 표현이에요. Eyes on ~ 역시 같은 의미인데 이 대사처럼 상대방에게 명령할 때 쓰는 경향이 있어요.

The Secret's Out!

비밀이 탄로 나다!

🎧 24.mp3

EXT. ABOVE WATER – SUNSET – LATER
They exit the water down the **coast** where no one can see them. Alberto knows Luca's furious at him. He tries to explain.

ALBERTO **Look, I was just trying to show you how to do it right.** ❶

LUCA You don't KNOW how to do it right!

ALBERTO I got us down the hill, didn't I?

LUCA You **CRASHED!** INTO THE SEA!

ALBERTO It's fine.

LUCA NOTHING is fine! My parents just saw me!

ALBERTO Luca, your parents aren't here.

Alberto's continued **denial** of the truth **enrages** Luca even **further**—

LUCA You don't know what you're talking about!

바로 이장면!*

ALBERTO Look. This town is making you crazy. We just need to win that Vespa and get outta here.

LUCA It's not gonna be any different! I don't want to… (stopping and **gathering himself**) I want to go to school.

실외, 물 위 – 해 질 녘 – 잠시 후
그들은 물 밖으로 나와 아무도 없는 해안가로 걸어간다. 알베르토는 루카가 자신에게 화가 났다는 것을 알고 있다. 그는 설명하려고 한다.

알베르토 이봐. 난 제대로 하는 법을 보여 주려고 했을 뿐이야.

루카 넌 제대로 하는 법을 모르잖아!

알베르토 어쨌든 내려오긴 했잖아, 안 그래?

루카 내다 꽂힌 거지! 바닷속으로!

알베르토 괜찮아.

루카 뭐가 괜찮다는 거야! 우리 부모님이 날 봤다고!

알베르토 루카, 네 부모님은 여기에 없어.

알베르토가 계속 진실을 부인하자 루카는 더 화가 난다 –

루카 넌 네가 무슨 말하고 있는지도 모르잖아!

알베르토 이봐. 넌 이 마을 때문에 제정신이 아닌 거야. 우린 베스파를 손에 넣고 여길 떠나야 해.

루카 그렇다고 달라질 건 없어! 난 그러고 싶지 않아… (말을 멈추고 흥분한 마음을 가라앉히며) 난 학교에 가고 싶어.

---

coast 해변, 해안가
crash 충돌하다
denial 부인
enrage 화나게 하다
further 더욱더
gather oneself 마음을 잡다

❶ **Look, I was just trying to show you how to do it right.**
난 제대로 하는 법을 보여 주려고 했을 뿐이야.
I was just trying to ~는 '난 ~하려고 했던 것뿐이야'라는 뜻으로 자기 입장을 변명하려고 할 때 쓰는 표현이에요. 이 말에는 그렇게 하려고 했는데 의도대로 되지 않았다는 뉘앙스가 깔려 있어요.

It now is Alberto's turn to get angry.

ALBERTO THAT again?! WE CAN'T GO TO SCHOOL!

LUCA You're just afraid you can't do it!

ALBERTO I'M NOT AFRAID. YOU'RE THE ONE WHO GETS AFRAID.

Alberto SHOVES him. Luca SHOVES Alberto back.

LUCA Shut up!

THEY FIGHT!

LUCA OW!!

ALBERTO GRRRR!!

ALBERTO WHAT HAPPENS WHEN SHE SEES YOU? WHEN ANYONE SEES YOU?

LUCA Get off me!!

GIULIA (O.S.) YOU'RE **ALIVE**!

They turn to see GIULIA–she runs up and hugs them **in relief**.

GIULIA (**playfully**, to Alberto) You're never allowed on my bike again. **Stick to food, big guy.**[1]

Alberto **whirls** away from her in **irritation** and **fury**. Giulia now begins to **clock** that something's wrong.

GIULIA Uh, what's going on?

ALBERTO Nothing. Let's just **get back** to training.

이제 알베르토가 화를 낸다.	

알베르토 또 그 소리야?! 우리는 학교에 갈 수 없어!

루카 네가 갈 수 없을까 봐 두려운 거잖아!

알베르토 난 두렵지 않아. 두려워하는 건 바로 너라고.

알베르토가 루카를 밀치자 루카도 그를 밀친다.

루카 입 다물어!

그들이 싸운다!

루카 아우!!

알베르토 그으으!!

알베르토 줄리아가 널 보면 어쩌려고? 누가 널 보기라도 하면?

루카 저리 가!!

줄리아 (목소리) 너희들 살아 있구나!

아이들은 고개를 돌려 줄리아를 바라본다. 줄리아가 달려와 안도하며 아이들을 꽉 끌어안는다.

줄리아 (장난스럽게, 알베르토에게) 넌 앞으로 자전거 금지야. 먹는 것만 계속하라고, 덩치 양반.

알베르토, 짜증과 분노를 느끼며 그녀에게서 휙 돌아선다. 줄리아, 그제야 뭔가 이상하다는 것을 눈치챈다.

줄리아 어, 무슨 일이야?

알베르토 아무것도 아냐. 훈련이나 다시 하자.

---

alive 살아있는

in relief 안도하며

playfully 장난스럽게

whirl 몸을 돌리다

irritation 짜증

fury 분노

clock 알다, 이해하다

get back 다시 ~하다, 돌아가다

❶ **Stick to food, big guy.**
먹는 것만 계속하라고, 덩치 양반.
stick to ~는 '~를 계속하다', '~를 고수하다'라는 뜻이에요. 기존에 하던 것을 바꾸지 말고 계속해서 하라고 할 때 사용하는 표현이죠.

But Luca **senses** an opportunity.

루카는 지금이 좋은 기회라고 생각한다.

LUCA Actually, we have something to ask you. We were wondering... if we could come with you to your school?

루카 사실 너한테 물어보고 싶은 게 있어. 혹시… 우리가 너랑 같이 학교에 갈 수 있을까?

Giulia is **thrilled**.

줄리아가 매우 기뻐한다.

GIULIA Santo Pecorino! That's the best idea ever!! Yes! Of course!!

줄리아 세상에! 정말 좋은 생각이야!! 그래! 물론이지!!

Luca, overjoyed, takes Giulia's hand—and shows her the **handshake** that Alberto taught him.

루카도 아주 기뻐하며 줄리아의 손을 잡고 알베르토가 가르쳐 준 악수를 한다.

LUCA Piacere, Girolamo Trombetta.

루카 반가워, 지롤라모 트롬베타.

Alberto, watching this **betrayal**, FUMES. He has to stop this. **However** he can.

루카의 배신에 알베르토는 크게 노여워한다. 무슨 수를 써서라도 이 일을 멈춰야 한다.

ALBERTO Uh, Giulia? Your school... does it take all kinds of people? I mean, what if some of them were... not human?

알베르토 어, 줄리아? 네가 다니는 학교 말이야… 온갖 종류의 사람들을 다 받아 주는 거야? 내 말은, 만약 그들 중 일부가… 사람이 아니라도?

LUCA Alberto—?

루카 알베르토–?

ALBERTO What if some were... Oh, I don't know... sea monsters?

알베르토 만일 그들이… 오, 뭐랄까… 바다 괴물이라면?

GIULIA (confused) Sea monsters?

줄리아 (혼란스러운 듯) 바다 괴물?

ALBERTO I **doubt** your school would even **accept** sea monsters, right?

알베르토 설마 너희 학교가 바다 괴물을 받아 주진 않겠지, 그렇지?

LUCA (**gritting teeth**) Ha ha! That's a **weird** joke, Alberto.

루카 (이를 꽉 물고) 하하! 이상한 농담이네, 알베르토.

Luca **urgently signals** to Alberto to stop–but—

루카가 다급하게 알베르토에게 그만하라고 신호를 하지만 –

---

sense 감지하다

thrilled 흥분한

handshake 악수

betrayal 배신

however 어떻게 해서든지

doubt 의심하다, 생각이 든다

accept 받아 주다

grit teeth 이를 꽉 물다

weird 이상한

urgently 다급하게

signal 신호를 보내다

ALBERTO Yeah, I know, it's kinda hard to **imagine**. So let me just show you.	**알베르토** 그래, 맞아. 상상하기도 힘들지. 그냥 내가 보여 줄게.

And with that, Alberto DIVES into the water. Luca **gasps**.

이 말과 함께 알베르토는 물속으로 뛰어들어간다. 루카, 허걱 하며 놀란다.

LUCA No!

루카 안 돼!

GIULIA Uh, come on.

줄리아 어 제발.

LUCA Giulia, wait!

루카 줄리아, 기다려!

GIULIA We don't have time to **goof around**…

줄리아 노닥거릴 시간 없어…

Alberto **emerges** a SEA MONSTER. Giulia **SCREAMS**. Luca is **FROZEN**.

알베르토가 바다 괴물의 모습으로 나타나자 줄리아가 소리를 지른다. 루카는 몸이 얼어붙은 듯 꼼짝하지 않는다.

GIULIA HELP! …Don't hurt us!

줄리아 도와줘요! …우릴 해치지 매

ALBERTO (forcefully) SEE!? I knew this would hap–!

알베르토 (단호하게) 봤지!? 이럴 줄 알았다니–!

But Luca, in the moment, realizes there's something he can do, too. And he points at Alberto and cries.

하지만 루카는 그 순간 자신이 어떻게 행동해야 하는지 알고 있다. 알베르토를 가리키며 크게 소리친다.

LUCA SEA MONSTER!

루카 바다 괴물이다!

To seem like he didn't know. Like he's a human, too. Like Alberto's the only one. NEARBY BUT **OUT OF SIGHT**: Ercole and his **goons** overhear—

자신은 아무것도 몰랐던 것처럼. 그리고 자신은 인간인 것처럼. 알베르토만 바다 괴물인 것처럼. 근처에 있었지만, 지금까지 등장하지 않았던: 에콜레와 그의 부하들이 이 소리를 듣고 –

ERCOLE Did you hear that? This way!

에콜레 들었어? 이쪽이야!

BACK TO SCENE: Alberto is shocked, confused, betrayed.

다시 아이들이 있는 화면으로: 충격을 받은 알베르토, 혼란스럽고 배신감을 느낀다.

ALBERTO Luca?

알베르토 루카?

But Luca just shakes his head, **teary-eyed**. **Protectively**, Giulia gets between Luca and Alberto.

하지만 루카는 눈물이 고인 채 고개를 저을 뿐이다. 줄리아는 루카를 보호하려고 알베르토를 막아선다.

---

imagine 상상하다	goon 깡패
gasp 허걱 하고 놀라다	teary-eyed 눈물이 고인
goof around 노닥거리다	protectively 보호하려고, 방어하려고
emerge 나오다, 드러나다	
scream 비명을 지르다	
frozen 몸을 꼼짝 못 하는	
forcefully 단호하게	
out of sight 멀리 떨어진	

GIULIA   (to Alberto) **STAY BACK.**

And before Alberto can say anything else, OVER THE ROCKS come Ercole and his awful friends, WIELDING HARPOONS.

ERCOLE   SEA MONSTER! THERE IT IS!

ERCOLE comes **CHARGING** toward him— Alberto realizes he has to get out of here. He gives Luca a truly **miserable** look.

ERCOLE   Ragazzi, now!

Alberto turns, and dives into the water, as Ercole and his goons take aim and THROW THEIR HARPOONS—

LUCA   NO–!

–which miss, barely. Luca, **heartbroken**, watches Alberto swim away.

ERCOLE   (to Luca and Giulia) **Idioti!** You let it **get away!** (to Ciccio and Guido) To the boat! WE'RE GONNA KILL A SEA MONSTER!!

Ercole and his **cronies** race off— Leaving Giulia and Luca, **stunned**.

INT. MASSIMO'S HOME
They return to Giulia's home to find Massimo preparing pasta for them.

MASSIMO Oh. **There you are!**❶ I made your favorite– trenette al pesto—

Massimo stops, seeing it's just the two of them.

MASSIMO Where's Alberto?

줄리아 (알베르토에게) 저리 가.

알베르토가 무슨 말을 하기 전에 에콜레와 끔찍한 친구들이 작살을 들고 바위 위에 올라와 있다.

에콜레 바다 괴물이다! 저기 있어!

에콜레가 그를 향해 달려온다 – 알베르토는 그 자리를 빨리 벗어나려고 한다. 비참한 표정으로 루카를 바라본다.

에콜레 얘들아, 지금이야!

알베르토가 뒤로 돌아 물속으로 뛰어들자 에콜레와 부하들이 작살을 조준하고 힘껏 던지는데–

루카 안 돼–!

–작살이 살짝 빗나간다. 크게 상심한 루카, 헤엄치며 도망가는 알베르토를 바라본다.

에콜레 (루카와 줄리아에게) 멍청하긴! 도망가게 두면 어떡해! (치초와 귀도에게) 배로 가! 바다 괴물을 꼭 잡을 거야!!

에콜레와 그의 부하들이 달려간다 – 뒤에 남은 줄리아와 루카는 놀란 표정이다.

실내. 마시모의 집
줄리아와 루카는 집으로 돌아온다. 마시모가 아이들을 위해서 파스타를 요리하고 있다.

마시모 오. 이제 왔구나! 너희가 제일 좋아하는 걸 만들었단다 – 트레네테 알 페스토—

아이들이 둘밖에 없다는 것을 알고 마시모가 말을 멈춘다.

마시모 알베르토는?

---

stay back 물러서다

charge 돌진하다

miserable 비참한

heartbroken 가슴이 아픈

idioti (이태리어) 바보

get away 도망가다

crony 친구

stunned 놀란

> ❶ **There you are!**
> 이제 왔네!
> There you are!는 '이제 왔네!' 혹은 '거기에 있었구나!'라는 뜻으로 상대방의 존재를 확인하고 반가운 마음으로 하는 감탄사예요. 아이들을 위해 정성스럽게 요리하는 마시모처럼 오매불망하는 상대가 나타났을 때 There you are!라고 반갑게 외쳐 주세요.

Luca tries to **cover**—

LUCA   Ah... he left, Signor Marcovaldo.

Beat. Massimo puts down the bowl and puts on his cap.

MASSIMO Do you know where he went?

LUCA   (nervous) No, but I don't think he wants anyone looking for him.

MASSIMO Maybe not. **But just in case.** ❶

Massimo **exits**. Giulia is silent. Luca, needing to fill the silence, starts **BABBLING**.

LUCA   Okay. Well. The two of us can still do the race. You'll swim, you'll eat, you've done both before, and I'll do the ride, I mean that's allowed, right? It should be fine, we're still okay–

GIULIA   (trying to stop him) Luca... Luca? LUCA!

Finally, she grabs a glass of water and **splashes** it at him– he holds out his hands, which transform— Giulia **exhales**. She knew it. He's a sea monster, too.

GIULIA   "Sleeping under the fish"! Now I get it.

LUCA   I... I can explain.

GIULIA   Of all the places for sea monsters to visit PORTOROSSO?! Have you SEEN this town?! My father HUNTS SEA MONSTERS! Luca, you have to get out of here—

LUCA   (pleading) But I thought we were underdogs.

루카가 변명하려는데—

루카 아… 떠났어요, 마르코발도 씨.

정적. 마시모가 접시를 놓고 모자를 쓴다.

마시모 어디로 간 지 아니?

루카 (불안해하며) 아뇨, 하지만 누가 자기를 찾으러 오는 걸 원하지 않을 거예요.

마시모 그럴지도 모르지. 그래도 혹시 모르잖아.

마시모가 나간다. 줄리아는 말이 없다. 루카는 침묵을 깨려고 중얼거리기 시작한다.

루카 자. 우리 둘이서도 경기할 수 있어. 네가 헤엄치고, 파스타도 먹는 거야. 전에도 두 개를 해 봤잖아. 그리고 내가 자전거를 탈게. 그래도 되는 거지? 괜찮아. 우린 아직 괜찮다고—

줄리아 (루카의 말을 멈추려고 하며) 루카… 루카? 루카!

결국 줄리아가 물컵을 들고 루카에게 뿌리는데 – 그가 손을 뻗자 바다 괴물의 손으로 변한다. 줄리아가 한숨을 쉰다. 그도 바다 괴물이라는 사실을 알고 있었다.

줄리아 "물고기들 아래에서 잠을 잔다고"! 이제 이해가 되네.

루카 내… 내가 설명할게.

줄리아 그 많은 곳 중에서 바다 괴물이 찾아온 데가 포르토로소야?! 이 마을 어떤 곳인지 알기나 해?! 우리 아빠는 바다 괴물 사냥꾼이야! 루카, 넌 여기를 떠나야 해—

루카 (간절히) 하지만 우린 '언더독'이잖아.

---

cover 무마시키다, 변명하다
exit 나가다, 떠나다
babble 중얼거리다
splash 물을 뿌리다
exhale 숨을 내쉬다
plead 간청하다

❶ **But just in case.**
그래도 혹시 모르잖아.
Just in case.는 아니라고 생각하지만 약간의 가능성이 있다고 말할 때 쓰는 표현이에요. '혹시 모르는 거잖아', '만일을 대비해서 말이야' 등으로 해석할 수 있어요.

GIULIA	(anguished) Do you think I WANT you to leave? This is the happiest I've…		**줄리아** (괴로워하며) 네가 정말 떠나기를 바라서 내가 이러는 것 같니? 내가 가장 행복한 때였…

She stops herself.

줄리아가 말을 멈춘다.

GIULIA	Look. **It's just not worth it.** [1]		**줄리아** 봐. 그럴 가치도 없는 일이야.
LUCA	You don't understand!		**루카** 넌 이해 못 해!
GIULIA	No, I don't. **Risking** your life? For a Vespa?		**줄리아** 그래, 못 해. 네 목숨을 건다고? 베스파를 얻으려고?
LUCA	My parents were gonna send me away. That's why we… did all of this.		**루카** 우리 부모님이 날 멀리 보내려고 했어. 그래서 우린… 이렇게 된 거고.

Beat, as Luca realizes what he's done.

정적. 이제 루카는 자신이 무슨 잘못을 한 것인지 깨닫게 된다.

LUCA	(miserably) But it's **over** now. Goodbye, Giulia. I'm sorry.		**루카** (비참하게) 하지만 이제 끝났어. 안녕, 줄리아. 미안해.

Giulia **SINKS.**

줄리아, 마음이 아프다.

---

anguished 괴로워하는
risk (위험을) 감수하다
over 끝이 난
sink 주저앉다, 마음이 아프다

[1] **It's just not worth it.**
그럴 가치도 없는 일이야.
It's not worth it.은 상대방이 하는 일이 노력할 가치가 없는 것으로 단호하게 하는 말이에요. '그럴 필요 없어', '그럴 가치가 없는 일이야'라는 뜻이에요.

Disney · PIXAR
LUCA

I'll Win the Race... For Us

경기에서 우승하겠어… 우리를 위해서

🎧 25.mp3

EXT. SHORE – NIGHT
Luca sits by the shore staring out at ISOLA DEL MARE. He knows what he has to do. He heads into the water.

EXT. ISLAND – NIGHT
Luca **approaches** Alberto's hideout **hesitantly**–walking past some of Alberto's **belongings**, which now **litter** the ground, broken and **scattered**, the **aftermath** of a miserable **outburst**. The rope ladder has been thrown down too. So Luca **scales** the tower without it.

INT. ALBERTO'S HIDEOUT
And emerges into a hideout that is **in ruins**.

LUCA　　　Alberto?

But Alberto is nowhere **in sight**. Everything has been **ripped off** the shelves, thrown to the ground, broken. Even the VESPA drawing is on the floor, **ripped in half**.

ALBERTO　(O.S.) What are you doing here?

Luca turns. Alberto is watching him from the steps to the roof.

LUCA　　　(needing the words, but not having them) I'm… I'm sorry.

바로 이 장면!*

LUCA　　　(CONT'D) I never should have done that. I wish I could **take it back**…

실외. 바닷가 – 밤
루카는 바닷가에 앉아 델 마레 섬을 바라본다. 루카는 이제 무엇을 해야 하는지 알고 있다. 바다로 뛰어든다.

실외. 섬 – 밤
루카는 알베르토의 아지트로 주저하며 다가간다. 바닥에 깨지고 어지럽게 흩어져 있는 알베르토의 물건을 지나간다. 비참한 감정이 폭발한 흔적들이다. 밧줄로 된 사다리 역시 떨어져 있다. 루카는 사다리 없이 탑을 오른다.

실내. 알베르토의 아지트
루카, 엉망이 된 아지트로 들어간다.

루카　알베르토?

하지만 알베르토는 보이지 않는다. 선반에 있는 물건들도 바닥에 떨어져 깨져 있다. 베스파 그림도 반으로 찢겨 바닥에 버려져 있다.

알베르토　(목소리) 여기서 뭐 하는 거야?

루카가 돌아본다. 알베르토가 지붕 계단에서 그를 바라보고 있다.

루카　(어떻게 말해야 할지 몰라) 내… 내가 미안해.

루카　(계속) 그러지 말았어야 했는데. 내가 한 말을 취소하고 싶어…

---

approach 다가가다	in ruin 엉망이 된
hesitantly 머뭇거리며	in sight 보이는
belonging 소유물, 재산	rip off 뜯어내다
litter 어수선하게 만들다	rip in half 반으로 찢다
scatter 흩어지다	take ~ back (한 말을) 취소(철회)하다
aftermath 여파	
outburst 폭발	
scale 오르다	

ALBERTO   Yeah, whatever. You're sorry. Now just go away.

Alberto goes up to the ROOFTOP. Luca gazes sadly around at the **WRECKED** HIDEOUT. His gaze **settles on** where the VESPA POSTER hung. It's been ripped off the wall— And where it had been are **TALLY MARKS** IN THE STONE that Luca has never seen before.

EXT. ROOFTOP – **SUBSEQUENTLY**
Luca finds Alberto staring miserably into a CAMPFIRE.

LUCA   Alberto? What are those marks on the wall?

Alberto says nothing.

LUCA   (**insistent**) Tell me what they mean.

ALBERTO   (sighs) I started when my dad left.

LUCA   You were living here alone for... that many days?

ALBERTO   I just stopped counting after a while. He said I was old enough to be **on my own**. I just thought that... maybe he'd change his mind. (beat) Honestly, though, I get it. He's **better off without** me. You are, too.

LUCA   That's not true.

ALBERTO   (gently) Yes, it is. You're not like me. You're the good kid. And I'm just the kid that **ruins** everything.

LUCA   SILENZIO, BRUNO. That's just a **dumb** voice in your head. You taught me that. And getting a Vespa–seeing the world...

알베르토   그래, 뭐 어쨌든. 미안하다니. 이제 그만 꺼져.

알베르토는 옥상으로 올라간다. 루카가 슬픈 표정으로 엉망이 된 아지트를 바라본다. 그의 시선은 베스파 포스터가 걸려 있던 곳에 머무른다. 그것 역시 벽에서 찢겨 있다. 포스터가 걸려 있던 곳에는 루카가 전에 보지 못했던 날짜를 센 듯한 표시가 있다.

외부. 옥상. 잠시 후
루카, 비참한 표정으로 모닥불을 바라보는 알베르토를 발견한다.

루카   알베르토? 벽에 있는 저 표시는 뭐야?

알베르토는 아무 말도 하지 않는다.

루카   (끈질기게) 무슨 의미인지 말해 봐.

알베르토   (한숨 쉬며) 아빠가 떠난 날부터 표시하기 시작했어.

루카   그럼 여기에 혼자 살았던 거야… 저렇게 오랫동안?

알베르토   얼마 안 가서 세는 걸 그만했어. 아빠가 난 혼자서 지낼 수 있을 만큼 컸다고 했거든. 난 그냥… 아빠가 마음을 바꿀 거로 생각했어. (정적) 사실, 나도 알아. 아빠는 내가 없는 편이 더 나은 거야. 너 역시 그렇고.

루카   그렇지 않아.

알베르토   (다정하게) 맞아. 넌 나 같지 않잖아. 넌 착한 아이야. 그리고 난 모든 걸 엉망으로 만드는 아이일 뿐이지.

루카   조용해, 브루노. 그건 네 머릿속에 있는 어리석은 목소리일 뿐이야. 네가 가르쳐 준 거잖아. 베스파로 전 세계를 여행하고…

---

wreck 잔해, 망가진

settle on ~에 머무르다

tally mark 날짜 표시

subsequently 나중에, 그 다음의

insistent 끈질긴, 집요한

on one's own 스스로, 자립하는

better off without ~ 없이 더 행복한

ruin 망치다

dumb 멍청한, 바보 같은

ALBERTO	(exploding) Just let it go! Okay? Look, you and I should have never been friends **in the first place**.	알베르토 (화를 폭발하며) 그냥 잊으라고! 알았어? 봐. 너와 난 애초부터 친구가 되어서는 안 됐어.

LUCA (pleading) Don't say that. Alberto...

루카 (애원하듯) 그런 말 하지 마. 알베르토…

ALBERTO GET OUTTA HERE! I'M NOT GONNA TELL YOU AGAIN!

알베르토 여기서 나가! 두 번 다시 말하고 싶지 않아!

Luca is disappointed but an IDEA starts to **form**.

루카는 낙심하지만. 좋은 생각이 떠오른다.

LUCA Okay, I'll go. ...I'll go win the race.

루카 알았어. 갈게. …가서 경기에서 우승하겠어.

ALBERTO What?

알베르토 뭐라고?

LUCA (realizing) Yeah, yeah! And then the Vespa will be ours! And we'll ride away, together!

루카 (이제야 깨달으며) 응. 그래! 그러면 베스파가 우리 것이 되는 거지! 그걸 타고 떠나는 거야. 함께!

ALBERTO Luca, that's crazy.

알베르토 루카, 미친 소리 하지 마.

LUCA (shrugging) Well... maybe I'm crazy.

루카 (대수롭지 않다는 듯) 음… 내가 미친 걸 수도 있지.

And just like that— Luca **JUMPS OFF** THE ROOF—

그렇게 말하고 – 루카는 지붕 위에서 뛰어내린다 –

LUCA TAKE ME, GRAVITY!!!!!!!

루카 중력아. 날 받아줘!!!!!

ALBERTO LUCA!!

알베르토 루카!!

He **tumbles** through the tree, lands on the ground **in a HEAP**—

나무 사이로 굴러떨어진 루카. 바닥에 쓰러져 움직이지 않는다 –

ALBERTO What are you doing?!

알베르토 무슨 짓이야?!

LUCA I'm okay. I'll be back tomorrow! **I'm gonna fix this!!**❶

루카 난 괜찮아. 내일 다시 올게! 내가 다 해결할 거야!!

---

explode 폭발하다

in the first place 애초에

form 만들다, 형성하다

jump off 뛰어내리다

tumble 굴러떨어지다

in a heap 웅크리고. 움직이지 않고

❶ **I'm gonna fix this!**
내가 다 해결할 거야!
fix는 '(기계 등을) 수리하다'라는 뜻으로 잘 알려졌지만 이 대사처럼 '(복잡한 문제를) 해결하다', '바로 잡다'라는 뜻으로도 자주 쓰인답니다.

EXT. PIAZZA – RACE DAY
At the **registration** table, Signora Marsigliese is **PERPLEXED**—

SIGNORA MARSIGLIESE You want to... **split up** your team?

Luca is holding a **RUSTY** BIKE.

LUCA　　　Yes, if it's allowed.

Giulia spots Luca—

GIULIA　　Luca?! What are you doing here?

LUCA　　　Don't worry! I'll race on my own!

Giulia turns to Signora Marsigliese **in shock**.

SIGNORA MARSIGLIESE You can if you want, but I don't **recommend** it.

LUCA　　　Thank you!

But Luca's already **headed OFF** before anyone can stop him— Giulia is horrified but also doesn't want to **blow** his **cover**.

GIULIA　　(**calling after** him) But how are you gonna... I mean... what happens when the... YOU CAN'T SWIM!!

SIGNORA MARSIGLIESE Alone again?

실외. 광장 – 대회 날
선수 등록대에서 마르실리에제 부인이 당황한 모습이다 –

마르실리에제 부인 팀을… 분리하겠다고?

루카가 녹슨 자전거를 들고 있다.

루카 네. 가능하다면요.

줄리아가 루카를 발견하고 –

줄리아 루카?! 여기서 뭐 하는 거야?

루카 걱정 매! 나 혼자 경기할 테니까!

줄리아가 깜짝 놀라 마르실리에제 부인을 돌아본다.

마르실리에제 부인 원하면 그래도 되지만. 별로 권하고 싶진 않네.

루카 감사합니다!

누가 그룹 말리기 전에 루카는 황급히 자리를 뜬다 – 줄리아는 걱정되지만 그의 비밀을 폭로하고 싶지는 않다.

줄리아 (뒤에서 그에게) 하지만 어떻게… 내 말은… 수영하면… 넌 수영을 못하잖아!!!

마르실리에제 부인 또 혼자네?

---

registration 등록
perplexed 당황한
split up 분리하다
rusty 녹슨
in shock 놀라서
recommend 추천하다
head off 자리를 뜨다, 회피하다
blow 폭로하다

cover 위장, 속임수
call after ~의 뒤에서 부르다

Going for the Portorosso Cup
포르토로소 컵을 향하여

🎧 26.mp3

EXT. STREETS – DAY
Meanwhile, Daniela and Lorenzo are still looking for Luca when a RACE **JUDGE** (the **priest**) **confronts** them.

PRIEST   **Volunteers**! You're late. One cup for each kid.

They look down at a table full of CUPS OF WATER–clock that they're for the race–realize this is gonna **work out** pretty well for them.

LORENZO   Oh!

DANIELA   Yeah. One cup per kid. Got it.

The priest then hands them a BUCKET and **SCRUB BRUSH**—

PRIEST   And here. (**apologetically**) For when Giulia… you know. (**mimes** throwing up)

EXT. **STARTING LINE**
Massimo and Machiavelli hold an **encouraging** sign for GIULIA.

MASSIMO   **Forza**, Giulietta!

Giulia smiles, **apprehensive**. Next to her, Ercole pours OLIVE OIL on Ciccio, who is stretching.

바로 이장면!*

ERCOLE   Ciccio, hold still. (explaining to Giulia) **Olio d'oliva**. He will **cut through** the water like a knife. An oily knife.

실외. 거리 – 낮
한편, 다니엘라와 로렌초는 여전히 루카를 찾고 있는데 경기 심판(신부)이 그들과 마주친다.

신부 자원봉사자들이군요! 늦었네요. 아이 한 명당 한 컵씩 주면 돼요.

그들은 물컵이 가득 놓여 있는 탁자를 내려다본다. 경기를 위해 준비한 것들인데 이것이 그들에게 큰 도움이 될 것으로 생각한다.

로렌초 오!

다니엘라 네. 아이 한 명에 컵 하나. 알겠어요.

신부가 그들에게 양동이와 청소용 솔을 건네며—

신부 여기요. (미안해하며) 만일 줄리아가… 아시죠. (토하는 시늉을 한다)

실외. 출발선
마시모와 마키아벨리가 줄리아를 응원하는 피켓을 들고 있다.

마시모 힘내. 줄리에타!

줄리아는 미소 짓지만 긴장한 듯하다. 옆에서 에콜레가 스트레칭하고 있는 치초의 몸에 올리브오일을 붓는다.

에콜레 치초, 가만있어. (줄리아에게 설명하며) 올리브오일이야. 칼로 물을 베듯이 물살을 가를 거야. 기름 바른 칼이 되는 거지.

---

meanwhile 그러는 동안, 한편

judge 심판

priest 신부

confront 마주하다

volunteer 자원봉사자

work out 잘 풀리다

scrub brush 청소용 솔

apologetically 변명하여

mime 몸짓으로 표현하다

starting line 출발선

encouraging 용기를 주는, 응원하는

apprehensive 불안한, 걱정되는

olio d'oliva (이태리어) 올리브 오일 (= olive oil)

cut through (물살을) 가르다

Then they SEE— LUCA, **CLOMPING** up to the starting line in Alberto's FULL-BODY DIVING SUIT.

ERCOLE Oh, this makes me laugh. Ha ha ha. I guess even your terrible friends don't want to be your friends!

Luca glances nervously across at his **COMPETITORS**.

GIULIA (ignoring Ercole) LUCA! THIS IS A VERY BAD IDEA!

ERCOLE HEY! VAGRANT! CAN'T **AFFORD A PROPER** SWIMSUIT?!

SIGNORA MARSIGLIESE (**addressing** crowd) Signore e Signori! The Portorosso Cup is about to begin! We know there's been a few **sightings** lately, but fear not! If any sea monsters show up today– we're ready for them.

She **indicates** the FISHING BOATS all around the harbor, **brimming with** FISHERMEN wielding HARPOONS AND NETS. Luca is terrified. He **glances over** at Giulia. She signals to him once more to GET OUT OF HERE.

SIGNORA MARSIGLIESE Swimmers, **take your mark**!

그 순간 루카가 알베르토의 전신 잠수복을 입고 출발선으로 쿵쾅거리며 다가온다.

에콜레 오, 정말 웃기는군. 하하하. 보잘것없는 네 친구들도 너와 함께하고 싶지 않나 보네!

루카가 대회 참가자들을 불안한 표정으로 바라본다.

줄리아 (에콜레를 무시하며) 루카! 이건 미친 짓이야!

에콜레 이봐! 떠돌이! 제대로 된 수영복을 살 돈도 없어?!

마르실리에제 부인 (관중들에게) 신사 숙녀 여러분! 포르토로소 컵 대회가 곧 시작됩니다! 최근에 바다 괴물의 목격담이 가끔 들리지만, 두려워하지 마세요! 바다 괴물이 나타난다 해도 – 우린 준비가 되어 있으니까요.

그녀가 부둣가 주변에 있는 낚시 배들을 가리킨다. 배에는 작살과 그물을 들고 있는 어부들로 가득하다. 루카, 겁을 먹고 줄리아를 바라본다. 줄리아는 그에게 도망가라는 신호를 다시 보낸다.

마르실리에제 부인 수영 선수들, 준비!

The STARTER BELL rings! The swimmers **TAKE OFF**— EXCEPT LUCA, **PARALYZED** BY FEAR–BY BRUNO— Then he takes a deep breath. And puts the DIVER HELMET on. And **sloshes** into the water! Giulia, swimming up ahead, PUSHES **FORWARD**— But in front of her and everyone else, Ciccio is off to a great start. The only problem is that the oil covering Ciccio's body is beginning to **attract** some HUNGRY FISH.

시작을 알리는 종이 울린다! 수영 선수들, 출발한다 – 두려움과 브루노 때문에 움직일 수 없는 루카. 숨을 깊이 들이쉬고 잠수 헬멧을 쓴다. 그리고 물속으로 철벅철벅 들어간다! 선두에서 헤엄치는 줄리아는 쭉쭉 앞으로 나간다. 하지만 그녀와 다른 선수들 앞에서 치초가 시작부터 크게 앞선다. 하지만 몸에 칠한 올리브오일 때문에 굶주린 물고기들이 그의 몸에 달라붙기 시작한다.

---

clomp 쿵쿵거리며 걸어오다

competitor 경쟁자

afford ~를 살 여유가 있다

proper 제대로 된

address 연설하다

sighting 목격

indicate 가리키다

brim with ~로 가득하다

glance over ~를 바라보다

Take your mark! 준비하세요!

take off 출발하다

paralyze 몸이 얼어붙다

slosh 철벅철벅 들어가다

forward 앞으로

attract ~의 관심을 끌다

CICCIO   OW! YOW!

Giulia passes him, rounds a buoy, and heads back to shore, over the head of— LUCA, on the sea floor. He can see the swimmers **outpacing** him above, despite his best efforts— **To make matters worse**, the glass on the diver's helmet **SHATTERS**–he has turned SEA MONSTER! Giulia is the first out of the water, passing Ercole, who is screaming at Ciccio, **thrashing** in **agony**.

ERCOLE   Swim, Ciccio! Come on! SWIM!!

Giulia finishes dressing into her street clothes and RUNS toward the PASTA-EATING STAGE, where the pasta is...

GIULIA   Ha ha! Trenette!

She twirls a **forkful** as Luca EMERGES from the water. Ercole TRIPS him–the diver helmet goes FLYING— Luca **TURTLES** inside it before anyone can see his **scaly** head. And he scrambles headlessly to the pasta table, manages to dry off without anyone seeing him, and **plops down**— next to Giulia. He **fumbles** with the **trenette**.

LUCA   Come on...

Giulia, **MUNCHING** FURIOUSLY, can't not help him. She demonstrates to him how to **properly** fork the pasta—

LUCA   Thank you!

GIULIA   (chews) DON'T THANK ME.

Ciccio finally runs from the water, **wailing**, little fish hanging from his oily skin.

ERCOLE   Stop crying and **tag** Guido! Imbecille! Andiamo! Run, run!

치초   애 아야!

줄리아가 그를 제치고 부표를 돌아 해변으로 다시 돌아오는데 앞에서– 루카가 바닷속 바닥을 걷고 있다. 그는 최선을 다하고 있지만 다른 선수들이 자기 머리 위에서 앞서가는 것이 보인다. 설상가상으로 잠수복 헬멧에 있는 유리가 깨지면서 바다 괴물로 변하기 시작한다! 줄리아가 1등으로 물 밖으로 나와 에콜레를 지나간다. 에콜레는 매우 고통스러워하는 치초에게 소리를 지른다.

에콜레   헤엄쳐, 치초! 어서! 헤엄치라고!!

줄리아가 평상복으로 갈아입고 파스타 먹기 단계로 뛰어간다. 오늘의 파스타는…

줄리아   하하! 트레네테!

그녀는 포크로 파스타를 집어 감는다. 루카가 물 밖으로 나오는데 에콜레가 다리를 걸고 넘어뜨리자 헬멧이 날아가 버린다– 루카, 사람들이 비늘이 있는 머리를 보기 전에 거북이처럼 머리를 잠수복 안으로 얼른 집어넣는다. 그리고 머리가 안 보이는 상태로 파스타가 놓인 식탁으로 서둘러 이동한다. 사람들의 눈에 띄지 않게 얼른 몸을 말리고 줄리아 옆에 털썩 주저앉는데, 루카는 트레네테 파스타에 고전한다.

루카   제발…

맹렬하게 파스타를 씹고 있는 줄리아가 어쩔 수 없이 그를 도와준다. 그녀는 루카에게 포크로 파스타를 집는 법을 보여 준다–

루카   고마워!

줄리아   (음식물을 씹으며) 고마워하지 마.

치초도 마침내 흐느끼며 물 밖으로 뛰어나온다. 기름 범벅이 된 피부에 작은 물고기들이 달려 있다.

에콜레   울지 말고 귀도에게 터치해! 이 바보야! 개! 어서 뛰어!

---

outpace 앞지르다

to make matters worse 설상가상으로

shatter 깨지다

thrash 몸부림치다

agony 고통, 아픔

forkful 포크로 한 번 집은 양

turtle 거북이처럼 목을 집어넣다

scaly 비늘이 있는

plop down 털썩 주저앉다

fumble 더듬거리다, 어설프게 하다

trenette 트레네테 (파스타의 일종)

munch 씹다

properly 올바르게

wail 울다

tag 터치하다

He does. Ercole **FROG-MARCHES** Guido to the pasta-eating stage. As Giulia FINISHES her pasta and SLAMS the fork down:

GIULIA   FINITO!

She stands up, suddenly gripping her stomach, GROANING, and **hobbles** over to the BIKES. She's still in the lead! Ercole surprisedly looks at Giulia pedaling off (though slowly).

ERCOLE   Per mille cavoli, Guido! FASTER!

Luca hastily forks pasta into his mouth, but he's way behind. But so is Ercole, who is now physically **SMUSHING** PASTA into Guido's MOUTH.

ERCOLE   Eat, idiota! Più veloce!

The kid sitting next to Guido, groans her protest.

PASTA KID Hey! That's not allowed!

ERCOLE   HE'S DONE. ❶

Ercole SLAMS the fork down for Guido, grabs his **LIMP** HAND, uses it to slap his own hand, and sprints to his bike. Guido sinks his head into his bowl. Finally Luca **slurps** down the last noodle. He high-fives himself.

LUCA   (frazzled) DONE!

He drops the fork, runs to his bike, lets out an insane **BURP**, and **speeds off** after the pack. As the STORM **BREWS** OVERHEAD.

치초가 터치한다. 에콜레가 귀도의 팔을 잡고 파스타 먹기 단계로 끌고 간다. 줄리아가 파스타를 다 먹고 포크를 힘차게 내려놓는다.

줄리아 다 먹었어요!

그녀가 일어나는데 갑자기 배를 움켜쥐고 신음하며 자전거가 있는 곳으로 비틀거리며 이동한다. 줄리아는 아직도 선두다! 에콜레는 줄리아가 자전거를 타고 가는 것을(속도는 느리지만) 놀라 바라본다.

에콜레 맙소사, 귀도! 빨리!

루카는 포크로 파스타를 입 안에 쑤셔 넣지만, 매우 뒤처져 있다. 에콜레도 마찬가지인데 이제는 파스타를 귀도의 입에 억지로 쑤셔 넣는다.

에콜레 먹어, 멍청아! 빨리!

귀도 옆에 앉아 있던 아이가 항의한다.

파스타 먹는 아이 이봐! 그러면 안 되지!

에콜레 얘 다 먹었어요.

에콜레가 귀도를 대신해서 포크를 힘차게 내려놓고 축 늘어진 그의 팔을 잡은 후 자기 손과 터치하고 자전거로 급히 뛰어간다. 귀도는 파스타 접시에 머리를 처박는다. 마침내 루카도 마지막 남은 파스타를 후루룩 먹는다. 자기 손을 직접 하이파이브한다.

루카 (기진맥진해서) 다 됐어요!

포크를 내려놓고 자전거가 있는 곳으로 뛰어가는 루카, 아주 큰 소리로 트림하며 앞에 가는 아이들을 전속력으로 따라간다. 머리 위로 폭풍이 점점 더 커진다.

---

frog-march 팔을 잡고 끌고 가다

hobble 비틀거리며 이동하다

smush 쑤셔 넣다

limb 축 늘어진

slurp 후루룩 먹다

burp 트림

speed off 뛰어가다

brew 생기다

❶ **He's done.**
얘 다 먹었어요.
be done은 '어떤 일을 마무리 짓다', '해결하다'라는 뜻이에요. be finished 역시 종결을 나타낼 때 자주 쓰는 표현이에요. '저 다 했어요!'는 I'm done! 혹은 I'm finished!라고 하는데 짧게 줄여서 Done! 혹은 Finished!라고 쓸 수 있어요.

I'm Coming for You, Luca

내가 구하러 갈게, 루카

🎧 27.mp3

EXT. STREETS OF PORTOROSSO
DANIELA and LORENZO, at the water table, are frightening the racers passing them, who **recognize** the adults who have been **terrorizing** them for days.

DANIELA   But he's gotta be here somewhere.

LORENZO   Thirsty? Water, anyone?

RACE KIDS   AHH! NO! PLEASE STOP! NOT AGAIN!!

Then Daniela **squints** at the last kid, who is **bringing up the rear** but closing in fast on the **pack**—

DANIELA   That's him. That's him! LUCA! STOP!

They **LUNGE FOR** LUCA– he **SWERVES**, barely **evading** them.

LUCA   Sorry Mom! Sorry Dad! I have to do this!!

바로 이 장면!*

LORENZO   GET BACK HERE RIGHT NOW!!

DANIELA   WOW, he's fast.

Daniela is a little (or completely) **distracted** by how much human butt he is kicking. HE SURE IS– Luca **SURGES PAST** one kid, then another, then another— As the storm continues to gather overhead— Up AHEAD, Giulia's lead is **swiftly dwindling** as Ercole **gains on** her– Ercole passes her, rudely SLAPPING HER HELMET to add injury to **insult**.

실외. 포르토로소 거리
물컵이 놓인 탁자에서 다니엘라와 로렌초가 기다리고 있다. 요 며칠 동안 두 사람에게 공격당한 아이들이 이들을 알아보고 기겁하며 지나간다.

다니엘라   근데 여기 어딘가에 있을 텐데.

로렌초   목 마르니? 물 마실 사람?

선수들   아아아아! 싫어요! 그만하세요! 다시는 하지 마세요!!

다니엘라가 맨 뒤에서 빠른 속도로 다른 아이들을 따라붙고 있는 아이를 유심히 바라본다—

다니엘라   쟤야. 쟤라고! 루카! 멈춰!

그들이 달려들자– 루카는 방향을 살짝 틀면서 간신히 피한다.

루카   죄송해요 엄마! 죄송해요 아빠! 전 이걸 꼭 해야 해요!!

로렌초   당장 이리로 왜!!

다니엘라   와, 정말 빠르네.

다니엘라는 루카가 인간들을 상대로 매우 선전하고 있다는 생각을 약간 (혹은 많이) 한다. 정말로 루카는 빠르다– 루카가 한 아이를 제치고, 또 한 명, 그리고 또— 하늘에서는 폭풍우가 커지고 있다. 저 앞에 줄리아가 선두에 있지만 에콜레가 따라붙으면서 점차 간격을 좁히고 있다. 에콜레가 그녀를 지나가는데, 불난 집에 부채질하듯 줄리아의 헬멧을 무례하게 찰싹 친다.

---

recognize 알아보다

terrorize 공격하다

squint 눈을 가늘게 뜨고 바라보다

bring up the rear 꼴찌가 되다

pack 무리

lunge for ~를 향해 달려들다

swerve 방향을 틀다

evade 피하다

distracted 집중이 안 된, 산만한

surge past 제치고 지나가다

swiftly 빠르게

dwindle 줄어들다

gain on 따라붙다

insult 굴욕을 주다

ERCOLE Oops! Scusa!

GIULIA RRRRRRRGH! I'LL CATCH YOU ON THE… (gags) DOWNHILL!!!

ERCOLE Oh, Spewlia. You've never even MADE it to the downhill. (laughing)

Ercole takes a moment to slow down, **luxuriate** in triumph— And as he does, LUCA passes HIM!

ERCOLE WHAT?! (huffing and puffing) **Impossibile!**❶ He's cheating! **Arbitro**!! Arbitro!!

Luca doesn't reply—just keeps **CHUGGING** UPWARD–he **puts** some **distance** between him and Ercole. He's in the lead. He could win this thing! And then, the rain finally begins to fall. Little spots of transformation appear on his arm.

LUCA Huh, no, no, no, no, no…

AT THE WATER STATION: Daniela and Lorenzo notice the RAIN– And hastily duck under the TABLECLOTH.

DOWN IN THE PIAZZA: Among the grownup onlookers, the UMBRELLAS come out. Massimo watches, a little confused, as a CAFE UMBRELLA **bobs** along through the crowd. It makes its way out of the crowd and up the road.

AT THE TOP OF THE HILL:
Luca pedals around the tower, trying to race the rain. But there's too much. He'll transform. He stops under an **awning**, overlooking the downhill portion of the race. **Antsy**, he waits out the downpour.

LUCA Oh, not now! Come on, come on! I'm so close!

ALBERTO (O.S.) LUCA!!

에콜레 이런! 미안!

줄리아 (매우 화내며) 내리막에서… (구토할 듯) 따라잡아 주겠어!!!

에콜레 오, 줄리웩. 넌 내리막까지 가 본 적도 없잖아. (비웃으며)

승리에 도취한 에콜레, 여유를 부리며 속도를 늦추는데 – 이때 루카가 그를 지나간다!

에콜레 뭐야?! (짜증나서 씩씩대며) 말도 안 돼! 얘가 속임수 쓰고 있어요! 심판!! 심판!!

루카는 그에게 전혀 대꾸하지 않고 계속 힘겹게 오르며 에콜레와의 거리를 벌리고 있다. 루카가 이제 선두이다. 그가 우승할 수도 있다! 바로 그때 비가 쏟아지기 시작하는데 루카의 팔이 조금씩 변한다.

루카 허, 안 돼, 안 돼, 안 돼, 안 돼, 안 돼…

물 마시는 구역: 다니엘라와 로렌초, 비가 내리는 것을 알아차리고 급하게 식탁보로 몸을 숨긴다.

광장: 경기를 관람하는 어른들 사이로 우산이 펴진다. 카페 파라솔이 사람들 사이로 빠르게 지나가는데 마시모가 의아한 듯 이를 바라본다. 파라솔은 사람들을 빠져나와 길을 따라 위로 올라간다.

언덕 위: 루카는 탑 주위를 달리고 있다. 비를 뚫고 질주하고 있지만, 비가 너무 많이 내린다. 곧 변할 것이다. 어쩔 수 없이 차양 아래에서 자전거를 멈추고 내리막 구간을 바라본다. 초조하게 폭우가 멈추기를 기다린다.

루카 오, 지금은 안 돼! 제발! 거의 다 왔다고!

알베르토 (목소리) 루카!!

---

luxuriate in ~를 느긋하게 즐기다

huff and puff 씩씩거리다

arbitro (이태리어) 심판 (= adjudicator)

chug 천천히 전진하다

put distance 거리를 벌리다

bob 빠르게 움직이다

awning 차양

antsy 초조한

❶ **Impossible! (Impossibile)**
말도 안 돼!
믿기 힘든 장면을 목격하고 깜짝 놀라며 하는 말이에요. '불가능해'라고 해석하기보다 '말도 안 돼', '믿을 수 없어'라고 하는 게 더 자연스러워요. 참고로 위 장면에서는 에콜레가 이탈리아어로 Impossibile!라고 말했네요.

Luca LOOKS UP– Alberto is RUNNING toward him, **clutching** the CAFE UMBRELLA (that was him, down in the **piazza**).

ALBERTO Just stay right there! I'm coming for you.

Luca smiles. But here comes Ercole–he's **caught up with** Luca and is now passing him.

ERCOLE What's wrong, Piccoletto? **Afraid of** a little rain?

Ercole **smacks** Luca's helmet.

ALBERTO Hey!

ERCOLE **For the last time**, you two don't belong here. **Get out of** my town.

Ercole heading right for Alberto, who tries to **scramble** out of his way.

고개를 드는 루카– 알베르토가 카페 파라솔을 들고 그를 향해 뛰어온다. (앞의 광장에 있던 이는 바로 알베르토였다)

알베르토 거기 있어! 내가 갈게.

루카가 미소를 짓는다. 이때 에콜레가 등장한다. 루카를 따라잡더니 이제 그를 지나간다.

에콜레 왜 그래, 꼬마야? 비가 무섭니?

에콜레가 루카의 헬멧을 친다.

알베르토 이봐!

에콜레 마지막으로 경고하는데, 여기서 너희를 반기는 사람은 없어. 우리 마을에서 나가.

에콜레가 알베르토를 향해 접근하자 알베르토는 재빨리 피하려고 한다.

---

clutch 움켜잡다

piazza 광장

catch up with 따라잡다

afraid of ~을 두려워하다

smack 때리다

for the last time 마지막으로, 최후로

get out of 나가다

scramble 빠르게 움직이다

Disney · PIXAR
LUCA

So Long, Evil Empire of Injustice

잘 가라, 불공정한 악의 제국아

🎧 28.mp3

Ercole KICKS Alberto– The cafe umbrella goes flying. Ercole **chuckles**, then **GASPS**— Alberto has transformed. A sea monster **scrambles to his feet** on the **cobbles** of Portorosso, surrounded by **dumbstruck**, horrified **onlookers**—

에콜레가 알베르토를 발로 찬다– 카페 파라솔이 날아간다. 에콜레가 비웃다가 허걱 놀란다– 알베르토가 변했다. 바다 괴물이 포르토로소 자갈길 위에 비틀거리며 일어선다. 주변에 있던 구경꾼들이 깜짝 놀라며 무서워한다.

ERCOLE   (laughs, yelps) SEA MONSTER!! Right there!

에콜레   (웃다가 소리치며) 바다 괴물이다!! 저기!

TOWNSFOLK   MAMMA MIA!

마을 사람   세상에나!

ERCOLE   Ciccio! My harpoon! **VELOCE**!

에콜레   치초! 내 작살! 빨리!

Giulia gasps at the sight. Human Luca under the awning, sea monster Alberto in the rain.

줄리아가 그 모습에 헉 놀란다. 루카는 차양 밑에서 인간의 모습으로, 알베르토는 비를 맞고 바다 괴물의 모습이다.

LUCA   (aching) Alberto–!

루카   (마음 아파하며) 알베르토–!

And he begins to take a small step toward him.

루카가 알베르토에게 다가가려고 한다.

ALBERTO   No! Stop!

알베르토   안 돼! 오지 마!

Alberto **backs away**.

알베르토가 뒤로 물러난다.

ALBERTO   Just stay there. You're still okay.

알베르토   그냥 거기 있어. 넌 아직 괜찮아.

The safety of his friend is all that's left– it's all he cares about now. Alberto turns and **makes a RUN** for it, back down the hill.

친구의 안전 외에 다른 것은 안중에 없다. 알베르토에게는 지금 그것이 가장 중요하다. 알베르토는 뒤를 돌아 내리막으로 뛰어간다.

ALBERTO   Andiamo!

알베르토   간다!

LUCA   ALBERTO, WAIT!

루카   알베르토, 기다려!

For a moment or two, it seems like he's going to make it. Then a net **snags** him.

잠시 동안 알베르토가 도망갈 수 있을 것 같다. 하지만 그물이 그를 덮친다.

---

chuckle 비웃다

gasp 허걱 하고 놀라다

scramble to one's feet 비틀거리며 일어나다

cobble 자갈길

dumbstruck 놀란

onlooker 구경꾼

townsfolk 마을 사람

Veloce! (이태리어) 빨리! (= quickly)

aching 마음이 아픈

back away 물러서다

make a run 뛰어가다

snag 덮치다

| **LUCA** | NO! | **루카** 안 돼! |

Luca knows what he must do. He PEDALS OUT INTO THE RAIN to save his friend. Giulia gasps.

루카는 어떻게 해야 할지 알고 있다. 친구를 구하기 위해 비를 뚫고 자전거를 달린다. 줄리아가 혁 놀란다.

GIULIA Santa Ricotta!

줄리아 맙소사!

He turns SEA MONSTER. Luca **plows straight** through the crowd– **reaches out** a hand to Alberto and **hoists** him onto the bike.

루카도 바다 괴물로 변한다. 루카가 군중 사이를 지나며 – 알베르토에게 손을 뻗어 그를 자전거 위에 태운다.

ERCOLE AAH! WHAT?!?

에콜레 으아! 뭐야?!?

And they **speed down** the hill.

아이들이 경사로를 쏜살같이 내려간다.

ALBERTO Whoa! You really ARE crazy.

알베르토 와우! 너 정말 미쳤구나.

LUCA Learned it from you. Let's get to the water!

루카 너한테 배웠잖아. 바다로 가자!

ERCOLE No! Ciccio!

에콜레 안 돼! 치초!

CICCIO Here it is.

치초 여기.

Behind them, FURIOUS ERCOLE finally gets his harpoon from Ciccio–he jumps on his bike to **chase** them **down**. Giulia pedaling hard behind him.
CUT TO: Luca and Alberto continue through the race.

그들 뒤로, 잔뜩 화난 에콜레가 치초에게 작살을 받아들고 자전거에 올라타 그들을 쫓아간다. 줄리아도 자전거를 타고 그를 추격한다.
장면 전환: 루카와 알베르토는 경기 코스를 계속 달리고 있다.

ALBERTO (to racers, as they pass) Hey there. **Excuse us.**❶

알베르토 (경기 참가자들을 지나며) 저기. 실례할게.

ERCOLE OUT OF THE WAY! VIA! VIA!

에콜레 비키라고! 비켜! 비켜!

Ercole HOISTS HIS HARPOON.

에콜레, 작살을 치켜든다.

ALBERTO LUCA!!

알베르토 루카!!

Alberto gets Luca to swerve **just in time**. Through a door, and into a house.

알베르토의 말에 루카가 제때 방향을 바꾼다. 문을 통해 집 안으로 들어간다.

---

plow through 헤치다
reach out 뻗다
hoist 들어 올리다
speed down 재빨리 내려오다
chase down 뒤쫓다
out of the way 비키다, 밀치다
just in time 제때, 타이밍에 맞춰서

❶ **Excuse us.**
실례할게요.
나뿐만 아니라 여러 사람이 동시에 인파를 헤치고 지나갈 때는 Excuse me.가 아니라 Excuse us.라고 해 주세요.

WOMAN IN A HOUSE   (O.S.) AHHHH!!!!

집 안의 여자 (목소리) 아아아아!!!!

LUCA   SORRY!

루카 미안해요!

–then back onto the course, right between Ercole and Giulia. Ercole now in front of them. Daniela and Lorenzo, still under the tablecloth, spot Luca (FULLY SEA MONSTER) speeding by.

–다시 경기 코스 안으로 들어오는데, 에콜레와 줄리아 사이에 있다. 이제 에콜레가 이들 앞에 있다. 아직도 식탁보 밑에 있는 다니엘라와 로렌초는 (완전히 바다 괴물로 변한) 루카가 재빨리 지나가는 것을 본다.

DANIELA   Oh, no! LUCA!!

다니엘라 오, 안 돼! 루카!!

LORENZO   SON!

로렌초 아들!

Ercole turns, **balances** himself, rides backwards, a **showboat** to the end. He hoists his harpoon and **aims** it at the boys.

뒤를 돌아보는 에콜레. 균형을 잡고 자전거를 뒤로 탄다. 끝까지 잘난 척을 한다. 작살을 들고 아이들을 겨눈다.

바로 이장면! *

ERCOLE   You shoulda left when I told you. Now I gotta kill some sea monsters.

에콜레 내가 말했을 때 떠났어야지. 이제 바다 괴물을 처치해야겠어.

The boys have nowhere to go— But Giulia does.

아이들은 더이상 피할 곳이 없다 – 이때 줄리아가 나타난다.

GIULIA   **So long, evil empire of injustice.** ❶

줄리아 잘 가라. 불공정한 악의 제국아.

She SWERVES RIGHT INTO ERCOLE. BIKES AND PEOPLE GO FLYING. Giulia goes **TUMBLING** to the ground. And the boys ride past to safety, into the PIAZZA.

줄리아가 에콜레에게 정면으로 돌진한다. 자전거와 이들이 하늘 위로 날아간다. 줄리아가 바닥에 나뒹굴고 소년들은 이들을 피해 안전하게 광장으로 향한다.

LUCA   No!

루카 안 돼!

ALBERTO   Giulia!

알베르토 줄리아!

But they see Giulia **in pain**. And a few feet from the water, Luca hits the brakes. The boys run back to make sure their friend is all right.

그러나 그들은 줄리아가 고통스러워하는 모습을 본다. 바다 바로 앞에서 루카는 브레이크를 잡는다. 소년들은 친구가 괜찮은지 보러 되돌아 뛰어간다.

MASSIMO   **MOSTRI MARINI!** Give me that!

마시모 바다 괴물이다! 이리 줘!

---

balance 균형을 잡다
showboat 과시하는 것을 좋아하는 사람
aim 겨냥하다
tumble 뒹굴다
in pain 아픈
Mostri Marini (이태리어) 바다 괴물 (= sea monster)

> ❶ **So long, evil empire of injustice!**
> 잘 가라, 불공정한 악의 제국아!
> So long.은 작별을 고할 때 쓰는 말인데 요즘 회화에서는 잘 쓰지 않는 표현이에요. 이 말 대신에 '잘 가'라고 할 때는 평범하게 Bye!나 See ya!라고 하는 게 더 좋아요.

He SWIPES a HARPOON from a fisherman and runs to **confront** them. Meanwhile the piazza crowd is now reacting to the sight of two SEA MONSTER BOYS who are now running toward a fallen human girl–Massimo's daughter.

LUCA (**concerned**) Giulia! Are you all right?!

GIULIA (**dazed**) Yeah. Yeah. I'm… I'm okay. Thanks, guys.

She smiles **gratefully**, as they pull her to her feet. The three kids stand. They are surrounded by FISHERMEN and Massimo, **blocking** any escape with nets and harpoons.

MASSIMO (disbelieving) Giulietta?

GIULIA Papá! I…

Massimo can't believe his eyes. Alberto's smile **fades**. The fishermen close in.

MAN Look at that!

GIACOMO You're not going anywhere.❶

And Ercole comes running in from the other side, re-armed with his harpoon, pointing it at the kids—

ERCOLE I saw them first! The **reward** is MINE!!

Luca stands up to him.

LUCA We're not afraid of you!

ERCOLE (contemptuously) No. We're afraid of YOU.

그가 어부에게서 작살을 뺐더니 괴물을 향해 달려 간다. 그 사이에 광장의 사람들은 두 바다 괴물 소 년이 넘어진 소녀(마시모의 딸)에게 달려가는 모습 을 보고 놀라워한다.

루카 (걱정하며) 줄리아! 괜찮아?!

줄리아 (정신이 멍해서) 어, 어, 나… 난 괜찮아. 고마워, 얘들아.

줄리아는 고마워하며 미소 짓고, 아이들은 그녀를 일으켜 준다. 세 아이가 서 있다. 어부들과 마시모 가 그물과 작살을 들고 그들이 빠져나가지 못하도 록 에워싼다.

마시모 (믿을 수 없다는 듯) 줄리에타?

줄리아 아빠! 전…

마시모는 눈앞에 펼쳐진 모습을 믿을 수 없다. 알 베르토의 미소가 사라진다. 어부들이 그들에게 접 근한다.

남자 저것 봐!

자코모 더는 도망칠 수 없어.

에콜레가 반대쪽에서 급하게 달려오는데, 그의 작 살로 재무장하고 아이들을 겨누고 있다.

에콜레 내가 저놈들을 먼저 봤어! 포상금은 내 거 야!!

루카가 당당히 그에게 맞선다.

루카 우린 네가 무섭지 않아!

에콜레 (경멸하며) 아니. 우리가 너희들을 무서워 하지.

---

confront 맞서다

concerned 걱정하는

dazed 멍한

grateful 감사하는

block 막아서다

fade 사라지다

reward 보상금

contemptuous 경멸하는

❶ **You're not going anywhere.**
더는 도망칠 수 없어.
지금 어부들이 루카와 알베르토의 앞길을 막으면서 위협하고 있군요. You're not going anywhere.는 '어딜 가려고', '도망갈 수 없어'라는 뜻으로 상대를 막아서면서 윽박지르는 말이랍니다.

Sure enough, the crowd looks pretty **FRIGHTENED** of what is happening.

아니나 다를까, 사람들은 지금 일어나고 있는 일에 매우 겁을 먹은 표정이다.

ERCOLE Everyone is horrified and **disgusted** by you. Because you are monsters—

에콜레 모두 너희들을 무서워하고 역겨워한다고. 너희들은 괴물이니까–

GIULIA STOP! They're NOT monsters!

줄리아 그만! 얘들은 괴물이 아니야!

ERCOLE Oh, yeah? Who are they, then?

에콜레 오, 그래? 그럼 누군데?

Massimo **SILENCES** EVERYONE—

마시모의 등장에 사람들이 조용한다––

MASSIMO I know who they are.

마시모 난 얘들이 누군지 알지.

Massimo stands **FIRMLY** in front of the kids. HARPOON IN HAND.

마시모가 아이들 앞에서 꿋꿋하게 서 있다. 작살을 손에 든 채.

MASSIMO They are... Luca and Alberto.

마시모 얘들은… 루카와 알베르토야.

He DROPS his harpoon. Then LIFTS ALBERTO'S SEA MONSTER HAND into the air.

그가 작살을 떨어뜨린다. 그리고 알베르토의 바다 괴물 손을 공중으로 들어 올린다.

MASSIMO And... they are the winners.

마시모 그리고… 경기의 우승자야.

Everyone is **STUNNED**, even the kids.

모두 놀라고, 아이들도 마찬가지다.

DANIELA LUCA!!

다니엘라 루카!!

LORENZO Let us through!❶

로렌초 좀 지나갈게요!

LUCA Wh... what?

루카 뭐… 뭐라고요?

ALBERTO Really?

알베르토 정말로요?

ERCOLE They can't be the winners! They are not even... people!

에콜레 얘들이 우승할 수는 없죠! 사람도… 아닌데!

Massimo looks to Signora Marsigliese for **confirmation**.

마시모는 확인하려고 마르실리에제 부인을 돌아본다.

---

frightened 놀란
disgusted 역겨운
silence 조용히 시키다
firmly 단호히, 확고하게
stunned 놀란
confirmation 확인

> ❶ **Let us through!**
> 좀 지나갈게요!
> 〈Let + 목적격 대명사 + through〉 형태로 let 다음에 'me, us, him, her, it, them'을 넣어 활용해 보세요. 앞서 소개한 Excuse us.도 비슷한 상황에서 쓸 수 있어요.

MASSIMO Signora Marsigliese?

And he nods **significantly** at the boys' BICYCLE, LYING ACROSS THE FINISH LINE. Signora Marsigliese **studies** it, **deliberates**, and finally shrugs.

SIGNORA MARSIGLIESE (confirming) Technically... legally... Yes. They won.

LUCA HUH?

ALBERTO We won?

마시모 마르실리에제 부인?

그가 결승선 너머에 쓰러져 있는 아이들의 자전거를 향해 의미심장하게 고개를 끄덕인다. 마르실리에제 부인이 이를 유심히 바라보고 잠시 생각하더니 어깨를 으쓱한다.

마르실리에제 부인 (확인하며) 엄밀히 따져… 규칙에 따라… 네. 저 아이들이 우승했어요.

루카 어?

알베르토 우리가 이겼다고?

---

significantly 의미심장하게
study 유심히 바라보다
deliberate 생각하다
confirming 확실하게
technically 있는 그대로
legally 법적으로

New Winners of the Portorosso Cup
포르토로소 컵의 새로운 우승자

🎧 29.mp3

Ercole tries to **RALLY** them all back.

에콜레가 사람들을 다시 선동하려고 한다.

바로 이장면!

ERCOLE — **Who cares if they won?**[1] They're SEA MONSTERS!!

에콜레 쟤들이 우승하든 무슨 상관이야? 바다 괴물들인데!!

FISHERMAN Cosa, cosa pensi?

어부 뭐, 어떻게 생각하나?

The fishermen aren't quite **buying** it. But Massimo **holds strong**. He will not let anything happen to these kids. And now, **a number of** them LOWER THEIR HARPOONS. Some, shaking their heads in **DISGUST**, head away to leave. Others remain, muttering to each other, confused—

어부들은 이를 믿을 수 없다. 하지만 마시모는 물러서지 않는다. 이 아이들에게 어떤 일도 생기게 놔두지 않을 것이다. 이제 어부 몇 명이 작살을 내린다. 몇몇 이들은 혐오감을 느끼고 머리를 저으며 그 자리를 떠난다. 다른 사람들은 이야기를 나누면서 혼란스러워한다—

GIACOMO (sighs) Andiamo…

자코모 (한숨 쉬며) 가자고…

As Ercole is **preoccupied**, Giulia snatches his harpoon– and, with the boys' help, **snaps** it in half.

에콜레가 한눈을 파는 사이 줄리아가 그의 작살을 낚아채고 – 소년들의 도움으로 반으로 쪼개 버린다.

ERCOLE — What? Come on! Ciccio! Guido! Another harpoon!

에콜레 뭐야! 야! 치초! 귀도! 다른 작살을 줘!

Even Ciccio and Guido don't obey right away.

치초와 귀도도 명령을 즉각 따르지 않는다.

ERCOLE — Ah, idioti! Be useful for once in your **pathetic** lives…!!

에콜레 아, 멍청하긴! 평생에 도움이 안 된다니까…!!

And with that, Ercole loses his only two friends. They give each other a look.

그 말에 에콜레는 유일한 친구 두 명을 잃어버린다. 치초와 귀도는 서로를 바라본다.

---

rally 선동하다, 단결시키다

buy 믿다

hold strong 물러서지 않다

a number of 많은

disgust 혐오감

preoccupied 다른 것에 정신이 팔린

snap 부수다

pathetic 불쌍한

❶ Who cares if they won?
쟤들이 우승하든 무슨 상관이야?
Who cares if ~?는 지금 상황이 그리 중요한 게 아니라고 대수롭지 않게 하는 말이에요. '~하든 말든 누가 신경 쓰기라도 한데?'라고 해석할 수 있는데, No one cares if ~ 역시 같은 의미로 자주 쓰는 말이죠.

CICCIO	Guido?	치초	귀도?

CICCIO Guido?

GUIDO Ciccio.

They grab Ercole, drag him to the fountain, and **dump** him in. Ercole **THRASHES** WILDLY in the fountain's two feet of water. Ciccio drops Ercole's WOOL SWEATER in after him.

ERCOLE GAHHH!!!

CICCIO Oops.

GUIDO Thhhhppppbbbbbbttt.

ERCOLE (weeping) No– **piccolino**.

And Giulia watches from **afar**, realizing what this means.

GIULIA (in shock) …It's over. The **reign** of **terror**… IT'S FINALLY OVER!!

Daniela and Lorenzo finally make it over to Luca, now SEA MONSTERS.

DANIELA & LORENZO Luca!

Daniela **swoops** him **up in an embrace**.

DANIELA (wildly **conflicted**) You had us worried half to DEATH and you must NEVER do that again and you raced your little TAIL off and **kicked** SO MUCH HUMAN **BUTT** and I'm so PROUD of you and I AM SO MAD AT YOU.

She **wraps** him in a hug. Lorenzo, too.

치초 귀도?

귀도 치초.

그들은 에콜레를 잡고 분수대로 끌고 가 그를 안에 던진다. 에콜레가 얕은 분수대 안에서 허우적댄다. 치초가 에콜레의 울 스웨터를 그 안에 던져 넣는다.

에콜레 아!!!

치초 어머.

귀도 푸우우우.

에콜레 (훌쩍이며) 안 돼– 내 아기.

멀리서 바라보던 줄리아, 이것이 무엇을 의미하는지 깨닫는다.

줄리아 (충격을 받은 듯) …끝났어. 공포의 시대가… 마침내 끝났어!!

마침내 다니엘라와 로렌초가 루카에게 다가온다. 그들도 바다 괴물의 모습을 하고 있다.

다니엘라와 로렌초 루카!

다니엘라는 루카를 잡고 와락 껴안는다.

다니엘라 (복잡한 감정으로) 너 때문에 정말 걱정했잖아. 다시는 그러지 마. 헌데 너 꼬리가 빠질 정도로 정말 재빠르더라. 인간들에게 제대로 본때를 보여 주더라고. 네가 너무 자랑스러워. 그리고 너한테 너무 화가 나.

엄마는 그를 껴안는다. 로렌초도 함께한다.

---

dump 던지다

thrash 허우적거리다

weep 울다

piccolino (이태리어) 우리 아기 (= baby)

afar 멀리서

in shock 충격을 받은

reign 시대

terror 공포

swoop ~ up in an embrace 포옹하다

conflicted 갈등을 겪는

kick ~ butt ~을 박살 내다, 혼쭐내다

wrap 둘러싸다

LUCA   I love you, Mom—

루카 사랑해요, 엄마—

LORENZO Son.

로렌초 아들아.

The crowd watches in **astonishment** as SEA MONSTER PARENTS embrace their SEA MONSTER KID- Signora Marsigliese walks up to our kids with a TROPHY.

사람들은 바다 괴물 부모가 바다 괴물 아이를 껴안는 장면을 놀란 표정으로 바라본다. 마르실리에제 부인이 트로피를 들고 아이들에게 다가온다.

SIGNORA MARSIGLIESE   Signore e Signori, the winners of this year's Portorosso Cup... The underdogs!

마르실리에제 부인 신사 숙녀 여러분. 올해 포르토로소 컵 우승자… '언더독'입니다!

And it finally **sets in** with the kids that THEY'VE WON. The other kids start **celebrating**, too.

아이들은 자신들이 우승했다는 사실을 그제야 실감한다. 다른 아이들도 축하해 준다.

LUCA & ALBERTO & GIULIA (jumping up and down) WE WON! I can't believe we won!! Underdogs! Woohoo!

루카, 알베르토, 줄리아 (뛰면서) 우승이다! 우리가 우승했다니! '언더독'! 우후!

The ARAGOSTA SISTERS glance at each other, drop their umbrellas- and TRANSFORM too! A priest sees them and **FAINTS**. Portorosso struggles to **come to grips with** the sea monsters among them. Some people don't love what's happening. MAGGIORE look at a sea monster **BOUNTY** POSTER. But others are more **open-minded**.

서로를 바라보는 아라고스타 자매들. 우산을 내리자 바다 괴물로 변한다! 신부가 그들을 보고 기절한다. 포르토로소 사람들은 바다 괴물들이 그들과 함께 있다는 사실을 겨우 이해하기 시작했다. 일부는 지금 벌어지고 있는 상황이 마음에 들지 않는다. 경사는 바다 괴물의 현상금 포스터를 보고 있다. 하지만 다른 사람들은 좀 더 열린 마음이다.

WOMAN #1 (to the Maggiore) **Gimme** that.

여자1 (경사에게) 이리 줘요

Women take the poster and **rip** it **up**-

여자들이 포스터를 빼앗아 찢어버린다 –

WOMAN #2 Bravi bambini!

여자2 잘했어, 얘들아!

And HUMAN KIDS, so excited to know sea monsters, celebrate the new CHAMPIONS OF PORTOROSSO.

그리고 인간 아이들은 바다 괴물을 알게 되어 매우 기뻐하며 포르토로소의 새로운 챔피언을 축하한다.

GIULIA   We did it!

줄리아 우리가 해냈어!

CUT TO: A **RICKETY** WHEEL ROLLS ALONG THE COBBLES- PULL OUT to show that it's our THREE HEROES on their **LONG-DESIRED**, VERY **JANKY** VESPA.

장면 전환: 곧 부서질 듯한 바퀴가 자갈길을 굴러간다 – 우리의 영웅 세 명이 오랫동안 갈망했던 낡은 베스파를 타고 달린다.

---

astonishment 놀람

set in 찾아오다, 밀려오다

celebrate 축하하다

faint 쓰러지다

come to grip with 이해하기 시작하다

bounty 현상금

open-minded 열린 마음의

Gimme 이리 줘 (= Give me)

rip ~ up 찢다

rickety 곧 무너질 듯한

long desired 기다리고 기다리던, 오래 바랐던

janky 낡은

ALBERTO **Feast your eyes on the greatest Vespa the world has ever seen!**❶

알베르토 세계 최고의 베스파 나가신다!

EXT. GARDEN – EVENING
They **zoom into** Massimo's garden, where a dinner party has already begun with both human and sea monster guests. The Vespa makes a **horrendous** noise. Parts **fall off**.

실외. 정원 – 저녁
아이들이 마시모의 정원으로 들어간다. 정원에서는 인간과 바다 괴물 손님들이 함께하는 디너 파티가 진행 중이다. 베스파가 끔찍한 소음을 낸다. 부품이 떨어져 나간다.

ALBERTO (happily, proudly) Perfect.

알베르토 (행복하게, 자랑스럽게) 완벽해.

Massimo serves pasta to LORENZO and DANIELA...

마시모가 로렌초와 다니엘라에게 파스타를 건넨다…

MASSIMO Trenette al pesto. **Mangiate**. Mangiate. ... Signora.

마시모 트레네테 알 페스토랍니다. 어서 드세요, …부인.

...and GRANDMA?!

…그리고 루카의 할머니도?!

GRANDMA Grazie.

할머니 고마워요.

DANIELA Mom?! What are you doing here?

다니엘라 어머니?! 여기서 뭐 하세요?

GRANDMA I come to town most weekends.

할머니 난 주말마다 마을에 와.

Daniela watches Luca and Alberto and Giulia LAUGHING and **GOOFING OFF** on their VESPA.

다니엘라가 루카, 알베르토, 줄리아가 웃으면서 베스파 위에서 노는 것을 바라본다.

DANIELA (quiet, **reverent**) What he did today was amazing. But... We can't let him stay in this world. (beat) Can we?

다니엘라 (조용히 감탄하며) 오늘 저 애는 정말 멋진 일을 해냈어요. 하지만… 쟤를 여기서 지내게 할 수는 없어요. (정적) 그래도 될까요?

GRANDMA (seeming to agree) Some people they'll never accept him. (pan to kids) But some will. And he seems to know how to find the good ones.

할머니 (동의하는 듯) 그를 절대로 받아들이지 않는 사람들도 있고, (아이들 화면) 아닌 사람들도 있겠지. 저 애는 좋은 사람들을 찾는 방법을 아는 것 같군.

BACK ON THE KIDS—

다시 아이들 화면—

GIULIA So where will you go first?

줄리아 제일 먼저 어디로 갈 거니?

---

zoom into ~로 들어가다

horrendous 끔찍한

fall off 떨어지다

mangiate (이태리어) 먹다

goof off 노닥거리다

reverent 감탄하는, 숭배하는

❶ **Feast your eyes on the greatest Vespa the world has ever seen!**
세계 최고의 베스파 나가신다!
feast your eyes on은 '~을 맘껏 보고 즐기다'라는 의미예요. feast는 동사로 '맘껏 먹다, 즐겁게 보다(듣다)', 명사로는 '축제, 잔치, 성찬'이라는 뜻으로 위 장면에서도 베스파를 타고 멋지게 뽐내고 즐기는 모습을 볼 수 있어요.

ALBERTO **We're gonna stick around here for a bit.**[1] (**patting** the Vespa) We gotta fix this thing up before we take it across the **entire earth**.

알베르토 여기에 좀 있을 거야. (베스파를 토닥이며) 이걸 타고 전 세계를 다니기 전에 한 번 손을 봐야겠어.

GIULIA Okay. Just don't forget to **pack**. (realizing) SANTO GORGONZOLA! I need to pack! For school!

쥴리아 좋아. 짐 싸는 건 잊지 마. (갑자기 생각이 나서) 어머나! 나 짐 싸야 해! 학교에 가야지!!

LUCA (realizing) Oh yeah. (**wistfully**) School. (trying to be **upbeat**) You're gonna learn so much...

루카 (이제 생각난 듯) 오, 그래. (아쉬운 듯) 학교에 가지. (밝은 척 하며) 많은 걸 배우겠네…

Giulia sees in his face how much he wishes it was him, learning all those things at school.

쥴리아는 루카의 얼굴에서 자신도 학교에서 많은 걸 배울 수 있으면 좋겠다는 소망을 읽을 수 있다.

GIULIA Um. I can leave you some books...

쥴리아 음, 책을 좀 놔두고 갈 수 있는데…

LUCA (super excited) YOU CAN?! Come on, Alberto—

루카 (매우 흥분하며) 그럴 수 있어?! 가자, 알베르토—

Giulia and Luca RUN into the house. Alberto smiles, watching them. He is deep in thought. He is realizing something pretty important, about his friend. And about himself. He looks down at the Vespa and knows what he has to do.

쥴리아와 루카는 집 안으로 들어간다. 알베르토는 그들을 바라보며 미소를 짓는다. 깊은 생각에 잠긴다. 그는 자기 친구에게, 그리고 자신에게 매우 중요한 것이 무엇인지 깨닫는다. 베스파를 바라보는 알베르토, 무엇을 해야 하는지 알고 있다.

---

stick around 머물러 있다

pat 토닥이다

entire earth 전 세계

pack 짐을 싸다

wistfully 아쉬운 듯, 생각에 잠겨

upbeat 긍정적인

[1] **We're gonna stick around here for a bit.**
여기에 좀 있을 거야.
stick around here는 '다른 곳에 가지 않고 여기에서 지내다'라는 뜻이에요. 이와 생김새가 비슷한 be stuck here 역시 회화에서 자주 쓰는데 '여기에 갇혀서 꼼짝 못 하고 있다'라는 의미예요.

Goodbye, My Friend

잘 가, 친구야

🎧 30.mp3

EXT. TRAIN STATION – EARLY MORNING
On the TRAIN STATION **PLATFORM**, Massimo says GOODBYE to Giulia, all packed up.

MASSIMO And you have your lunch for the train?

GIULIA Si.

MASSIMO Sweater? If it gets cold.

GIULIA **For the MILLIONTH time**, si. I love you, too, Papà.

She HUGS him— And turns to the boys:

GIULIA Santa Mozzarella. We did it!

ALBERTO Well, Giulia, can't wait to race next summer.

GIULIA Or we could just have fun.

She **swoops** the boys **up in a** BIG **HUG**. They both SMILE.

LUCA Ciao, Giulia.

GIULIA Ciao, ragazzi! **A presto**—

Giulia and Alberto exchange a WINK. Luca doesn't see it. She heads into the train. Luca, **tearful**, trying to hide it, watches her **disappear** into it.

실외. 기차역 – 이른 아침
기차 타는 곳에서 마시모가 떠날 채비를 마친 줄리아에게 작별 인사를 하고 있다.

마시모 그리고 기차에서 먹을 점심은 챙겼니?

줄리아 네.

마시모 스웨터도? 추울지도 모르니까.

줄리아 당연하죠. 사랑해요, 아빠.

그녀가 그를 껴안는다— 그리고 아이들을 향해 돌아선다:

줄리아 정말로. 우리가 해냈어!

알베르토 어, 줄리아. 내년 여름에도 같이 경기를 하자고.

줄리아 아니면 재미있게 놀 수도 있지.

그녀가 아이들을 꽉 껴안는다. 아이들은 미소를 짓는다.

루카 안녕, 줄리아.

줄리아 안녕, 얘들아. 곧 만나자—

줄리아와 알베르토가 윙크를 주고받는다. 루카는 눈치를 채지 못한다. 그녀가 기차 안으로 들어간다. 루카는 눈물을 감추며 그녀가 안으로 사라지는 것을 바라본다.

---

platform 기차 승강장

for the millionth time 수도 없이 (대체 몇 번을 말해)

swoop ~ up in a hug 포옹하다

Ciao (이태리어) 안녕 (작별 인사)

A presto (이태리어) 다시 만나자 (= See you soon.)

tearful 눈물을 흘리는

disappear 사라지다

바로 이장면! *

LUCA   Well, let's go fix up our Vespa.

But Alberto is holding **a little slip of paper**.

ALBERTO   Yeah, about that. Uhh, crazy thing. I... might have sold it.

Alberto hands it to him– it's a TICKET TO GENOVA. Luca **studies** it. Then turns to see his PARENTS AND GRANDMA arriving on the platform with a packed bag.

DANIELA   Luca.

LUCA   (confused) Mom? What are you all doing here?

DANIELA   IF. You promise to write to us EVERY SINGLE DAY, and be **as** SAFE **as possible**, and I mean SAFER than safe... (deep breath) You can go to school.

He can **barely wrap his mind around** this.

LUCA   I CAN?!

LORENZO   It's all **arranged**, actually. You'd stay with Giulia and her mom.

GRANDMA   **Your friend talked them into it.** ❶ It wasn't easy.

Alberto smiles and shrugs, like, "Yeah, I guess I did."

DANIELA   Luca? Do you promise?

LUCA   YES! YES, I PROMISE! THANK YOU.

루카   자. 가서 베스파를 고치자.

알베르토가 종잇조각 하나를 들고 있다.

알베르토   응. 그게 말이야. 어, 미친 짓이지만. 내가… 팔았을 수도 있어.

알베르토가 루카에게 무언가를 건네는데 – 제노바로 가는 기차표이다. 루카가 그것을 자세히 바라본다. 그리고 고개를 돌리니 부모님과 할머니가 가방을 들고 기차 타는 곳으로 들어오는 모습이 보인다.

다니엘라   루카.

루카   (어리둥절하며) 엄마? 다들 여기서 뭐 하는 거예요?

다니엘라   만일. 매일 편지 쓰고, 가능한 조심하겠다고, 그니까 내 말은 정말 최선을 다해서 조심하겠다고 약속하면… (깊은숨을 쉬고) 학교에 가는 걸 허락할게.

그는 이해가 되지 않는다.

루카   그래도 돼요?!

로렌초   사실 얘기는 다 됐단다. 넌 줄리아와 걔 엄마하고 함께 지낼 거야.

할머니   네 친구가 부모님을 설득한 거야. 쉽지는 않았지.

알베르토가 웃으며 "내가 그렇게 한 것 같네."라고 하는 것처럼 멋쩍어한다.

다니엘라   루카? 약속하니?

루카   네! 그럼요, 약속해요! 감사해요.

---

a slip of paper 종잇조각
study 자세히 보다
as as possible 가급적, 될 수 있는 대로
barely 거의 ~하지 않은
wrap one's mind around ~를 이해하다
arrange 준비하다

❶ **Your friend talked them into it.**
네 친구가 부모님을 설득한 거야.
〈talk + 사람 + into it〉은 '~를 설득하다'라는 뜻으로 누군가를 잘 타일러서 특정 행동을 하도록 만든다는 의미예요. 반대로 '~를 하지 말라고 설득하다'는 〈talk + 사람 + out of it〉이라고 한답니다.

DANIELA	(tearful) Just remember. We are ALWAYS here for you. Okay?	다니엘라	(눈물이 그렁그렁하며) 기억해 둬. 우리는 항상 널 위해 여기에 있을 거야. 알겠니?

DANIELA (tearful) Just remember. We are ALWAYS here for you. Okay?

다니엘라 (눈물이 그렁그렁하며) 기억해 둬. 우리는 항상 널 위해 여기에 있을 거야. 알겠니?

LUCA Hey. **Look me in the eye**. You know I love you. Right?

루카 엄마. 제 눈을 똑바로 보세요. 내가 사랑한다는 거 알죠. 네?

DANIELA I know.

다니엘라 알아.

She gives her son a kiss... and lets him go.

그녀는 아들에게 뽀뽀한다… 그리고 그를 보내 준다.

LUCA (excited) Come on, Alberto! The train's gonna leave!

루카 (흥분하며) 가자, 알베르토! 기차가 곧 떠날 거야!

Luca, **headed** to the door of the train, realizes Alberto is standing back a little. And there's a funny look on his face. Luca begins to **put it together**.

기차 출입구로 향하던 루카는 알베르토가 약간 뒤로 물러나 있다는 것을 깨닫는다. 그의 표정이 이상하다. 루카는 이제 상황 파악되기 시작한다.

LUCA Where's your **stuff**?

루카 네 짐은 어디 있어?

ALBERTO Yeah, well. You see...

알베르토 어, 뭐, 저기…

LUCA You are coming, right?

루카 너도 가는 거지, 어?

ALBERTO I would. But Massimo asked if I wanted to **stick around**, move in maybe... And I just thought, ah... I think he needs me. You know?

알베르토 그러고 싶지만, 마시모 아저씨가 내가 여기 남아서 같이 살고 싶은지 물어보셨어. 아마 같이 사는 거로… 나도 생각해 봤는데, 아… 아저씨가 내가 필요한가 봐. 무슨 말인지 알지?

Luca begins to **falter**.

루카의 목소리가 흔들린다.

LUCA I can't do it without you.

루카 난 너 없인 안 돼.

ALBERTO But you're never without me.

알베르토 넌 항상 나와 함께 할 거야.

Alberto hands him a **scrap** of paper that's been taped back together. His old DRAWING of the two of them on the Vespa. The greatest drawing Luca has ever seen.

알베르토는 테이프로 다시 붙인 종이를 건넨다. 둘이서 베스파를 타고 있는 예전 그림이다. 루카가 최고라고 했던 그 그림이다.

---

look me in the eye ~을 똑바로 쳐다보다

head ~로 향하다

put it together 알아내다, 이해하다

stuff 물건

stick around 머물러 있다

falter 불안정해지다, 흔들리다

scrap 조각

ALBERTO The next time that you jump off a cliff, or tell Bruno to quit **bothering** you... that's me.

알베르토 다음에 절벽에서 뛰어내릴 때나 브루노에게 그만 괴롭히라고 할 때… 내가 거기에 있을 거야.

But it's not quite enough for Luca.

하지만 이 말은 루카에게 충분한 위로가 되지 않는다.

LUCA But how am I gonna know you're okay?

루카 하지만 네가 잘 지내는지 어떻게 알 수 있지?

Alberto's face **crumples** a little. He wraps his friend in the hug to end all hugs.

알베르토가 얼굴을 살짝 찡그린다. 그리고 친구를 와락 껴안는다.

ALBERTO You got me off the island, Luca. I'm okay.

알베르토 네가 날 섬에서 나오게 했잖아, 루카. 난 괜찮아.

And as the train readies to leave, Luca stands on the **steps** of the train, and does one last handshake with Alberto.

기차가 떠나려고 하고, 루카가 기차 난간에 서서 알베르토와 마지막 악수를 한다.

ALBERTO Piacere, Girolamo Trombetta.

알베르토 반가워, 지롤라모 트롬베타.

LUCA Seriously, what does that mean?

루카 정말로 그게 무슨 뜻이야?

ALBERTO No idea. Go find out for me, will ya?

알베르토 나도 몰라. 날 위해 알아봐 줘, 그럴 거지?

The boys **RELEASE** THEIR **GRIP**, as the train begins to move— Carrying Luca away from Alberto, who has to run now, to **keep pace**. He reaches the **edge** of the platform. He jumps off into the rain. He TRANSFORMS.

기차가 움직이기 시작하자 아이들이 잡고 있던 손을 놓는다. 루카가 알베르토에게서 멀어진다. 알베르토는 기차와 속도를 맞춰 뛰기 시작한다. 그가 기차 승강장 끝에 도달하자 빗속으로 뛰어든다. 그리고 바다 괴물로 변한다.

ALBERTO Go Luca! GOOOO! Yeah! Whoo-hoo!

알베르토 가, 루카! 잘 가! 예! 우후!

Luca watches Alberto **CHEER** HIM **OFF** TO GENOVA. Then **loses sight of** him **for good**, as the train enters a TUNNEL. For a few beats, Luca is in the darkness, alone. He comes out of the tunnel then transforms. He **wipes away** his tears. He looks at the island. He is leaving everything he has ever known. He feels the wind on his face. And he turns, and gazes into a **BRILLIANT** FUTURE.

루카, 알베르토가 제노바로 떠나는 자신을 응원하는 모습을 바라본다. 기차가 터널 안으로 들어가자 그의 모습을 다시는 볼 수 없다. 잠시 후, 루카는 혼자서 암흑 속에 있다. 터널을 벗어나자, 그도 바다 괴물로 변한다. 그는 눈물을 닦는다. 그는 섬을 바라본다. 루카는 지금까지 알고 지냈던 모든 것을 떠나고 있다. 바람이 얼굴에 불어온다. 그가 고개를 돌려 밝은 미래를 바라본다.

FINE. (THE END)

끝

---

bother 괴롭히다

crumple 구겨지다

steps 계단

release 풀다

grip 손잡기

keep pace 속도를 맞추다

edge 가장자리, 끝

cheer off 응원하다, 격려하다

lose sight of 보이지 않다

for good 영원히

wipe away 닦다

brilliant 멋진, 훌륭한

END CREDITS
SMASH TO: UNCLE UGO **FLOATING** IN THE DEEP:

UNCLE UGO   Some people think I'm MAD to live in the deep. I think that THEY are the ones who are mad. Not ME the one who is mad, it's THEM. It's a nice life, simple life. It's away from the **hustle and bustle**–all the stuff that you don't want. (takes a bite of mystery meat) Mmm... whale **carcass**... Anyway, you're gonna have fun. You'll get to hear me talk. I can talk without stopping, sometimes for– maybe twelve hours... and you get to listen, so you're lucky...

SMASH TO: Giuseppe, the **GOATFISH** from our **Prologue**, listening to Ugo out in the DARK DEEP, looking **HORRIFIED**.

UNCLE UGO   Well done.

Giuseppe slowly FLOATS AWAY...

엔딩 크레딧
빠른 장면 전환: 우고 큰아빠가 깊은 바닷속에서 떠다닌다.

우고 큰아빠   내가 깊은 바닷속에서 산다고 미쳤다고 하는 사람들이 있지. 난 그들이 미쳤다고 봐. 미친 건 내가 아니라 그 사람들이라고. 아주 좋은 인생이야. 심플한 인생이지. 북적이지도 않고– 네가 원하지 않는 것들을 하지 않아도 돼. (정체불명의 고깃덩어리를 씹어 먹는다) 음음… 고래 사체군… 어쨌든, 너도 재미있을 거야. 내가 말하는 걸 계속 들을 테니까. 난 쉬지 않고 떠들 수 있어. 12시간도 끄떡없지. 넌 그냥 듣기만 하면 돼. 넌 운이 좋은 거야…

빠른 화면 전환: 앞에 등장했던 노랑촉수 물고기인 주제페가 바다 깊은 곳에서 우고의 말을 듣고 있는데 두려움에 떨고 있다.

우고 큰아빠   아주 좋아.

주제페가 천천히 멀어진다…

---

float 떠다니다

hustle and bustle 북적이는 생활

carcass 사체

goatfish 노랑촉수 물고기

prologue 프롤로그, 서사

horrified 겁을 먹은

well done 잘했어

DISNEY · PIXAR
LUCA

Disney · PIXAR
LUCA